# 企业上市一本通

## IPO

胡志颖 著

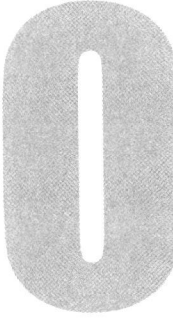
广东旅游出版社
中国·广州

**图书在版编目（CIP）数据**

企业上市一本通/胡志颖著.—广州：广东旅游出版社，2016.5
ISBN 978-7-5570-0320-3

Ⅰ.①企⋯ Ⅱ.①胡⋯ Ⅲ.①上市公司－基本知识－中国 Ⅳ.①F279.246

中国版本图书馆CIP数据核字（2015）第309637号

## 企业上市一本通
### Qiye Shangshi Yibentong

广东旅游出版社出版发行
（广州市天河区五山路483号华南农业大学公共管理学院14号楼三楼　邮编：510642）
印刷：北京嘉业印刷厂
（地址：北京市大兴区黄村镇李村）
广东旅游出版社图书网
www.tourpress.cn
邮购地址：广州市天河区五山路483号华南农业大学（公共管理学院）14号楼三楼
联系电话：020-87347994　邮编：510642
787毫米×1092毫米　16开　16.25印张　226千字
2016年5月第1版第1次印刷
定价：49.00元

[版权所有　侵权必究]

本书如有错页倒装等质量问题，请直接与印刷厂联系换书。

# 前言

2009年创业板的推出，似乎让很多企业总经理的造富梦想变得更加现实，而不断刷新的富豪榜也令人目不暇接：在2011年福布斯中国内地富豪榜上，李彦宏成为首富；在胡润百富榜上，李锂和李坦夫妇、梁稳根、华谊两兄弟赫赫有名，张茵、杨惠妍也接连缔造了女首富的神话。那么，谁是造就这繁荣景象的翻云覆雨手呢？那就是：上市！这一切，都给总经理们带来了造富暗示。

但是，上市绝不仅仅是亮丽的光环，它也有阴暗的一面。丁磊说："上市就像是裸奔。"这句话道出了上市的无数辛酸：上市后股东多了，决策的人也多了，"一言堂"失效了，企业也就失去了经营的灵活性和自由性；牵连的利益多了，管你的人也多了，在监管部门、媒体和社会大众的眼皮底下，企业必须遵循一定的程序进行规范经营。

上市也绝不是财富的几何级数增长这么简单，而是一项系统工程，是异常复杂的商业活动。很多企业家在上市的起跑线上信誓旦旦，雄心勃勃，却最终倒在了终点线前，终究没能在上市的漫漫征途中笑到最后。神舟电脑给我们演绎了一出三次冲击上市，却最终折戟而归的悲壮故事。而这样的例子，还有很多很多。

因此，在决定上市之前，你必须对上市的全过程有所了解，本书的写作出发点也正基于此。本书以通俗易懂的文字，将复杂的上市过程步骤化、简单化，帮助你快速掌握上市的基本知识与方法，为你的上市之路提供全程指引。

作为一本上市的入门读物，本书的主要内容如下：

第一章，细数上市将给企业带来的好处以及可能造成的损失，分析企业是否符合上市的条件，让你认清自己的企业到底该不该上市。

第二章，分别介绍企业上市的四个关键问题：如何选准上市的时机，如何选对上市地点，如何确定适合自身的上市方式，以及如何获得好的上市定价。理清这些问题，有助于企业在上市过程中融得更多的资金。

第三章至第七章，引领你进入上市的漫漫征途，包括了解上市制度、成立筹备小组、选择中介团队、进行上市前的资本运作及制度设计、上市审批、进行证券的发行和承销等内容，涵盖了上市的全部过程，帮你构建上市的立体框架。

最后一章，对财务报告方面的知识进行了详细介绍。回顾整个上市历程，财务无疑是贯穿始终的一条主线，因为它决定了企业能否取得上市资格和能否获得好的上市定价这两个关键问题。同时，IPO（initial public offerings，首次公开募股）后的财务也是企业财务状况和经营成果的总结，关系着经营、管理等方方面面。所以，如果总经理掌握了财务方面的相关知识，将使企业上市如虎添翼。

愿本书能为你答疑解惑，祝你的企业顺利荣登上市殿堂！

# 目 录

## 第一章 你的企业要不要上市
### 一、上市是把双刃剑 / 3
1. 上市的收益 / 3
2. 上市的风险与代价 / 7

### 二、哪些企业适合上市 / 11
1. 管理较为规范 / 12
2. 商业机密较少 / 12
3. 不用迅速作重大决策 / 13
4. 发展到一定阶段 / 13

### 三、上市需要哪些条件 / 14
1. 好的故事 / 15
2. 持续的赢利能力 / 16
3. 漂亮的报表 / 17
4. 良好的公司治理结构 / 17

## 第二章 上市之路该如何走
### 一、在什么时机上市 / 23
1. 市场氛围 / 24
2. 同期上市企业的质量 / 24

3. 企业的内在修为 / 25

二、在什么地点上市 / 27

  1. 国内市场 / 29

  2. 国际市场 / 33

三、以什么方式上市 / 41

  1. IPO / 42

  2. 造"壳"上市 / 43

  3. 买"壳"上市 / 44

四、以什么价格上市 / 47

  1. IPO 如何定价 / 48

  2. 如何获得 IPO 的高价格 / 51

## 第三章　上市前该准备些什么

一、了解 IPO 相关制度 / 55

  1. 股票发行制度 / 56

  2. 中小板和创业板的上市要求 / 59

二、做好工作的整体统筹 / 63

  1. 理清工作要点 / 64

  2. 设立上市筹备小组 / 64

## 第四章　如何选择合适的中介机构

一、保荐人（主承销商）的选择 / 71

  1. 保荐人（主承销商）的职责 / 71

  2. 如何选择保荐人（主承销商）/ 73

二、会计师事务所的选择 / 76

  1. 会计师事务所的职责 / 77

  2. 如何选择会计师事务所 / 78

三、律师事务所的选择 / 80

    1．律师事务所的职责／81

    2．如何选择律师事务所／82

  四、资产评估机构的选择／83

    1．资产评估机构的职责／84

    2．如何选择资产评估机构／84

  五、如何找到满意的中介／86

    1．寻找满意中介的途径／86

    2．选择满意中介的程序／86

第五章　如何进行资本运作及制度设计

  一、股份制改组／91

    1．设立股权结构／92

    2．股份调整／93

    3．规范运作／97

  二、资产重组／97

    1．资产重组模式的选择／97

    2．资产重组的核心原则／104

  三、制度设计／109

    1．内部控制制度／109

    2．公司治理制度／116

    3．股权激励制度／119

    4．收购防御制度／125

第六章　如何通过上市审批

  一、IPO被否的主要原因／137

    1．持续赢利能力和成长性问题／137

    2．独立性问题／141

    3．发行人主体资格问题／145

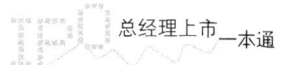

  4．募集资金用途问题／149

  5．信息披露问题／152

  6．规范运作问题／154

 二、申报材料有技巧／159

  1．经营预期良好／159

  2．关联交易和同业竞争合理／161

  3．股权关系简单／164

  4．募集资金投向合理／165

  5．报表漂亮真实／166

## 第七章　如何发行与承销证券

 一、询价与定价／169

  1．预路演／170

  2．正式路演和最终定价／171

 二、证券的发行／172

  1．网上发行／172

  2．网下配售／173

  3．向战略投资者配售／174

  4．回拨机制／174

 三、证券的承销／176

  1．承销团／176

  2．包销／177

  3．代销／178

## 第八章　如何编制与解读年报

 一、年报的披露规则与基本内容／181

  1．年报的披露规则／182

  2．年报的构成／183

二、财务报表 / 193

    1. 资产负债表 / 194

    2. 利润表 / 203

    3. 权益变动表 / 210

    4. 现金流量表 / 214

    5. 母公司报表和合并报表 / 220

三、审计报告 / 222

    1. 什么是审计报告 / 222

    2. 审计报告的作用 / 224

    3. 审计意见的类型 / 225

**附录 / 233**

一、企业上市成功案例 / 233

    1. 华谊兄弟上市征程大事记 / 233

    2. 海普瑞药业上市征程大事记 / 233

二、国内外知名上市中介机构 / 234

    1. 承销商 / 234

    2. 会计师事务所 / 237

    3. 律师事务所 / 241

    4. 资产评估机构 / 244

**参考文献 / 248**

# 第一章
## 你的企业要不要上市

**你将在本章学到：**
- 上市将给企业带来的收益和风险
- 企业是否适合上市的判断标准
- 企业上市所需满足的基本条件

**关键词：** 上市收益　上市成本　上市判断标准　上市条件

马云说:"商人最大的理想就是将自己的企业上市。"这是因为,上市意味着大量资金涌入企业,意味着财富将获得爆炸式增长。但是,"工欲善其事,必先利其器",在决定成为上市大军的一员之前,总经理们必须综合分析上市的成本效益,判断自己的企业是不是适合上市,以及了解上市的基本条件。

# 一、上市是把双刃剑

随着我国上市政策对民营企业的逐步开放，当今的中国正经历着前所未有的造富运动，资本市场为民营企业的财富爆炸提供了广阔的舞台。2010年底，胡润研究院揭晓了2010年胡润百富榜，宗庆后家族位居榜首，资产达800亿元。胡润百富创始人兼首席调研员胡润表示："中国百亿富豪有可能已经和美国差不多了，目前知道的有97位，但我们肯定还漏掉了100多位。"这些富豪大多因其创立的企业上市而实现了财富的放大。

现如今，"上市"这个诱人的词语已经成为了财富的代名词，它颠覆了企业的经营理念，成为了很多总经理的理想。但是，这只是上市光辉的一面。任何事物都具有两面性，利和弊相生相克，虽然上市带来了令人羡慕的造富效应，但财富的背后却隐藏着巨大的风险。所以，在自己的企业决定上市之前，你有必要充分了解上市可能给企业带来的收益和风险。

## 1. 上市的收益

**案例**

经历了第一次上市的失败后，2007年8月16日，报喜鸟服饰股份有限公司（以下简称报喜鸟）终于在深圳证券交易所中小板成功上市，股票代码为002154，首次上市发行募集资金3.2亿元。

开盘当天，温州市市政府专门组织了30多家重点企业的老板前往报喜鸟观摩学习。在得知报喜鸟首发当日股价达到45元每股，总市值由12亿元暴涨至43.2亿元的时候，老板们都傻了，甚至有人声称要拿计算器算算卖多少件衣服才能挣到那么多钱。不少老板纷纷表示要效仿报喜鸟进行企业改制，争取早日上市。

报喜鸟的成功上市,让它一夜之间飞上枝头,成为明星,其上市所产生的示范效应也带来了温州民营企业发展理念的改变。温州民企相信,不久的将来,会有更多的企业登录资本市场。

报喜鸟董事长吴志泽表示,公司上市后的策略是更加坚定地致力于公司经营模式的完善、公司治理结构的建设和内部控制的加强。

【分析】从报喜鸟上市的案例中,我们至少可以归纳出上市的六个好处:

**(1) 筹集所需资金**

资金是企业的血液,没有资金,企业谈何发展?融资难和资金不足,已经成为中小企业共同的伤痛。

一般情况下,企业的资金来源有如下几种:

①创始人自有资金。

②吸引风险资本投入。企业如果有好的经营管理理念,就很容易吸引到风险资本。风险资本会在企业发展早期进入企业,给企业提供资金,等企业发展到一定阶段后,再通过使企业上市、反向股权收购等方式退出企业。

③向社会公众发行股票并上市,融得所需资金。

④日常经营中积累下来的资金。

⑤从银行贷款。

⑥向社会公众发行债券。

前四种来源在企业中形成所有者投资,后两种来源形成债权人投资。

对中小企业而言,向社会发行股票并上市是较优的一种融资方式,其主要原因在于:

第一,随着中小板和创业板的开通,我国政策对中小企业上市持支持态度。

第二,与其他方式相比,向社会发行股票并上市具有融资规模大、资金稳定、不须偿还、没有固定利息负担等优点。在上面的案例中,报喜鸟就通过上市一次性融得资金3.2亿元。

而受种种条件的限制，中小企业在采用其他方式融资时，存在不同程度的困难：

第一，资金有限。创始人在组建企业时，实力相对较弱，自有资金有限。例如，已于1998年上市的新希望，其母公司在最初组建时，实收资本不足10万元。

第二，优质企业更容易获得支持。风险资本是以获取投资回报率为主要目的的，他们会投资他们认为的优质企业，并不是所有的企业都可以获得他们的支持。

第三，企业资金积累不足。如果没有充足的外来资金用以生产运营，企业单纯依靠自身的发展来积累资金，一般需要较长的时间，且充满了变数。

第四，获得银行贷款概率小。中小企业因为资产规模小，并且很难寻求到满足银行要求的抵押物或担保物，获得贷款的概率很小。

第五，获得债券发行资格难。我国债券市场相对不发达，根据《公司法》的规定，只有股份有限公司、国有独资公司和两个以上的国有企业或者其他两个以上的国有投资主体设立的有限责任公司才具有发行债券的资格。所以，能获得债券发行资格的民营中小企业是少之又少。

**（2）财富的几何级数增长**

报喜鸟上市当天，其总市值就由12亿元暴涨到了43.2亿元，财富实现了几何级数增长。事实上，股市确实屡屡催生富豪：2003年，网易的掌门人丁磊因股票在美国纳斯达克市场飙升而荣登胡润百富榜的榜首；2004年，国美成功在香港借"壳"上市，黄光裕的个人财富由2003年的18亿元一下子增加到105亿元，他也因此顺利登上了当年的胡润百富榜榜首；2006年，玖龙纸业在香港上市，使张茵以270亿元的总资产超过黄光裕，成为内地首位女首富；2007年，碧桂园在香港上市，使其年仅25岁的最大股东杨惠妍超越张茵，成为了内地的新女首富；2010年，海普瑞在创业板上市，让李锂家族一跃登上胡润百富榜。

创始人一般持有企业相当部分的股份，企业上市后股价通常会大大高于上市前的每股净资产，这样一来，创始人的财富就大大增加了。此外，企业通过上市获得的资金如果投向恰当，就能获得好的收益，企业的价值也能相应地增加。

**（3）上市的明星效应**

资本市场是一国经济的风向标，健康的资本市场能有效地引导经济资源的配置，发达国家一般都有发达的资本市场作为支撑。19世纪初，美国和阿根廷的年人均GDP都为4000多美元，可是到了20世纪末，美国的经济却远远领先于阿根廷，其主要原因在于美国有一个发达的资本市场。

我国的资本市场仍然处在不断探索与发展之中，众多企业中能够获得上市资格的更是凤毛麟角，它们一般是地方上的优质公司、当地的财政支柱或利税大户，并与政府有着紧密的关系。

这样一来，资本市场的主角——上市企业，不仅受到广大投资者及媒体的追捧，而且受到政府的关注，从而能够迅速提高企业的知名度，提升企业的市场形象。案例中，报喜鸟的成功上市，让其迅速成为温州当地的明星和众多企业竞相效仿的对象。

**（4）企业经营管理的规范化**

上市意味着企业将更多地利用社会公众的资金，因此监管部门和股东，甚至包括社会公众在内，都会对企业进行更多的监督，特别是证监会详细规定了上市企业在治理架构、内部控制和资金管理等方面的制度，这都促进了企业运营管理的规范化。有人对西方的部分上市企业进行过调查，发现这些企业在上市之前确实比那些一直都不准备上市的企业运营更加规范。

在案例中，规范的公司运作也是报喜鸟成功上市的原因之一。在上市后，报喜鸟仍然坚持不懈地完善公司经营的各项制度，致力于公司经营模式的完善、公司治理结构的建设和内部控制的加强。

**（5）为收购和兼并提供更多、更灵活的支付选择**

企业发展到一定阶段，有了财富的积累，扩张在所难免。企业常见的扩张手段是收购其他企业,收购可以采用现金支付,也可以采用股票支付,而后者可以节约企业的现金流。与非上市企业相比,上市企业以股票进行收购,具有更强的购买力。

(6) 增加股东资产的流动性

企业上市之后,股东资产的流动性就增强了。对于金融资产而言,流动性是至关重要的。流动性越强的金融资产,其隐含的风险就越小,资产的价格就越高。举一个简单的例子,我国的股市在2005年以前属于股权分置,发起人持有的是非流通股,而社会公众持有的是流通股,因二者的流通性不同,股价有着显著的差异。

因此企业上市后,股东资产的流动性增加了,股东的资产价格也就相应地提高了,从而增加了股东的财富。

> **知识链接**
>
> 股权分置,是指在2005年以前,我国的资本市场实行股权隔置,发起人所持有的股份不能在二级市场上买卖,社会公众所持有的股份则可以买卖的现象。2005后,我国资本市场进行了股权分置改革,大股东给小股东支付对价,可换取股份的流通权。

## 2. 上市的风险与代价

**案 例**

湖北省上市办对省内346家具有上市潜质的后备企业进行调研时发现,很多企业虽然具有良好的成长性和赢利能力,甚至是所在细分行业的隐形冠军,却对上市兴趣不大。这些企业包括劲酒、金牛管业、玉立砂纸、湖北神丹、知音集团、福娃集团等。

为什么会出现这种情况呢?这是因为,虽然有不少企业是细分行业的龙头,但他们依旧对上市充满顾虑。而产生顾虑的原因,有以下三点:

第一,中国满足上市条件的中小企业非常多,但资本市场的容量却有限，因此虽然有很多企业在上市的征途上默默奋斗，但能走到终点的却少之又少。所以，很多企业担心向中介机构支付了大笔辅导费后却不能成功上市。

第二，上市意味着企业信息的规范化和透明化。网易公司创始人丁磊也说过："上市就像是裸奔。"所以，一些企业经营者就担心，上市了，信息规范了，很多问题就曝光了，自己可能因此失去一些眼前利益，或上市后难以驾驭企业，并且担心因规范财务而造成企业运营成本上升。

第三，一些先富起来的本土企业老板，尤其是那些个人独大或家族式企业的老板，头脑里存在着严重的"小富即安"思想。在创业过程中，他们经历了千辛万苦，因此取得一定成绩后趋于保守，自认为不缺钱了，也不愿意跟别人分享自己的企业。

【分析】在这如火如荼的造富时代，竟然还有企业不愿意上市，这似乎有些不可思议。但是，经过深入思考我们就能发现，对于一个企业来说，上市也是要付出一定代价和承担一定风险的。从上面的案例中我们得知，上市至少有如下风险：

（1）**上市的花费巨大**

上市的直接花费是巨大的，而且这些费用不能作为所得税的抵扣项目。其中，直接花费包括：

①为了达到上市条件而进行企业重组的成本，具体包括企业资产债务重组的成本、雇用职业经理人的成本、为满足企业业绩要求而增加的前期财务成本、规范公司治理结构的成本等。

②为了上市而产生的各种各样的中介费用。

③为了获得好的发行价格而在各地开展的各场路演的费用。

除了这些直接花费外，初次发行股票时上市企业都会给投资者提供价格的折让，具体表现为上市首日的股票异常收益率，它构成了上市的间接成本。在美国，股票发行的直接成本约占首次公开发行股票募集资金的11%，而首日异常收益率则占到了12%；在我国以及其他新兴资本市场上，企业上市的花费会更高。

### （2）上市的信息披露会使某些敏感问题曝光

出于保护投资者的目的，监管机构要求上市企业对企业的重大信息进行定期或临时的披露，这些信息包括重要的财务数据、重大交易、股本变化、赢利和预算等。这样一来，一些不便公布的敏感商业信息也不得不公开，而这些信息一旦被竞争对手知道，可能会给企业造成不利的影响。由此可见，敏感信息的披露确实会成为企业拒绝上市的理由。

### （3）削弱控制权

在上面的案例中，那些先富起来的本土企业老板不愿意将已经取得一定业绩的企业上市后与他人分享，这其实是担心企业上市后，自身持有的股权会被稀释，控制权会被削弱。1999年11月6日，兰州黄河企业股份有限公司便发生了一场控制权争夺战，时任董事长的企业创始人杨纪强与副董事长兼总经理王雁元分别在兰州西北宾馆和北京翠微宾馆召开董事会，试图通过争夺董事会的控制权而控制企业。

企业上市，实质上是将企业股权卖给投资人以获得他们的资本投入，这可能使原股东持股的比例出现或多或少的下降，导致其对企业的控制地位从单纯控制或绝对控制转化为相对控股。而更极端的情况是，原股东的控制权会被夺走。随着控制权市场的发展，股票公开发行并上市后，对企业虎视眈眈的收购方就可能通过二级市场收购获得企业的股份，从而与原控股股东争夺控制权。如果收购方实力强大，原股东就很可能失去对企业的控制权。

### （4）严格监管之下的规范化运作会提高企业成本

为了促进资本市场的健康发展，我国立法机构和证券监管机构制定了各种法律法规和规章制度，旨在规范上市企业的行为。以内部控制建设的相关制度为例，2010年5月，我国颁布了《企业内部控制指引》，内容涉及企业总体组织架构、发展战略、人力资源、社会责任、企业文化、资金活动、采购业务、资产管理、销售业务、研究与开发、工程项目、担保业务、业务外包、财务报告、全面预算、合同管理、内部信息传递和信息系统等各个方面。

依据这些法律法规和规章制度，上市企业必须建立起复杂的公司治理机构，构建规范的内部审计架构和审计委员会，进行详细的信息披露，而且如果出现了问题，还需谨慎应对，一旦处理不当，就有可能被证券监管机构调查，甚至起诉。所以，在严格的监管之下，企业必须进行规范化运作，而这必然会花费大量的人力、财力、物力，造成企业成本的上升。

（5）股价波动的影响

股价波动的影响主要体现在如下方面：

①为了维持股价，企业不得不采用各种手段维持业绩，这种压力很容易导致企业经营行为的短期化，给企业的长远发展造成不利影响。例如，有些企业为了提高当年的业绩，不惜在财务上造假，安然、世通、朗讯、银广夏和蓝田股份就是典型的案例。

②股价波动会影响企业的运营决策。有些企业为了迎合媒体和投资者的口味，作出了错误的运营决策。例如，20世纪90年代初，为了迎合大众对计算机概念的崇拜，AT&T公司不惜重金收购NCR以进入计算机行业，结果赔了夫人又折兵。

③股价下降会影响企业的声誉，使消费者对企业品牌的信心产生动摇。例如，苏泊尔的股票在上市当天就跌破了发行价，之后股价更是持续走低，一时之间流言四起，很多人猜测苏泊尔是不是事先进行了过度包装，以致上市之后业绩立即下降。这些非议动摇了电器销售商和原料供应商的信心，影响了苏泊尔的经营发展，给苏泊尔董事长苏显泽带来了很大的麻烦。

【总结】上市并不是简单的拍脑袋决策，而是深思熟虑之后的慎重之举。我们要全面考虑上市给企业带来的收益和企业为此必须付出的成本，只有在收益大于成本的前提下，上市才是一个好的决定。

## 二、哪些企业适合上市

在对上市的收益和成本有了一定了解的基础上,我们来进一步探讨哪些企业适合上市。总经理们可以根据这一节的内容审视自己的企业,判断其是否适合上市。

**案 例**

出于完善公司制度、建造社会融资平台以及追求广告效应的需求,苏宁电器用了5年时间才促成公司上市深圳证券交易所中小企业板。但其副总裁孙为民却说:"现在国内市场存在着'闻民企色变'的现象,对民企的包容度仍然比较低,所以名企选择上市其实是一把双刃剑,上市带来的广告效应可以放大企业的业绩,同时也可以放大企业的负面影响。在这种情况下,上市半年来,企业如履薄冰。"

事实上,当初苏宁选择上市,其主要目的并不像一些媒体所说的那样是为了将上市作为今后融资的主要渠道,而是建立现代企业制度,接受外界监督,树立良好的公众形象。孙为民坦言说:"我们上市后募集的资金只有3.95亿元,这对苏宁的发展投入来说是微不足道的。"

31亿元的资产、100亿元的产值和每年5亿元的税金的硬指标,使正泰成为了温州企业的榜样,其董事长兼总裁南存辉也成了温州人的骄傲。虽然南存辉文化程度并不高,但是他一直在谋求企业的非家族化和永续经营,而上市是他达到这个目的的一种方法。南存辉认为,当企业发展到一定阶段的时候,上市是必需的,而正泰上市不是完全为了融资,关键是以上市的要求来规范自己的经营行为,提升企业的核心竞争力。于是,他用了8年的时间来规范经营行为,调整股权结构,让企业真正符合了上市的要求。

【分析】案例中,为了上市,苏宁电器用了5年的时间来筹备,而温州正泰用了 8 年的时间来作准备。事实上，很多企业的上市都是长期磨炼、不断审视自我的结果，苏宁电器和温州正泰正是这方面的典型。

十年磨一剑，一个企业判断自身是否适合上市以及是否到了适合上市的时机，一般应关注如下几个方面：

## 1. 管理较为规范

企业的规范化管理可以在企业内部形成管理人员和员工的利益共同体，调动员工的主动性和积极性，从而提高经营效率。但管理的规范化是一个长期的过程，不是一蹴而就的。在上面所列举的案例中，苏宁电器花了 5 年时间才完成管理运作的规范化，而正泰则用了 8 年。如果企业仅仅为了上市而上市，在短期内重组内部结构，以求达到上市在公司治理结构方面的要求，那只能是形式上的改变，甚至有可能花费了大量的成本，却仍达不到相应的要求。而且，不规范的管理将导致企业在上市后，拿到了巨额的资金却不知道如何管理和使用，最终要么将资金闲置，要么将资金委托证券公司在二级市场炒作，从而进一步增加了企业的风险，给企业带来负面的影响。

2010 年的年报显示，部分创业板企业在上市后的第一年就出现了业绩"变脸"的现象，净利润甚至同比下滑 40%，如南都电源、朗科科技和恒信移动等。不可否认的是，这与企业的不规范管理有着千丝万缕的联系。

## 2. 商业机密较少

上市意味着企业将受到更多人的关注，将受到更严厉的监管，信息的披露也将更加透明化。根据证监会、上交所和深交所的股票交易规则，上市企业的重要信息要以临时信息公告或定期报告的形式向社会公开，如企业的重大资产重组、企业的董事会变更、CEO 更迭、关联方交易以及诉讼等要以临时公告的形式进行披露，而企业的财务状况、经营成果和现金流状况等信息要在季报、中报和年报中定期进行披露。这样一来，企业在经营、管理和财务等方面的重大信息都暴露在了竞争对手的眼皮子底下，竞争对手可能借机对企业经营造成负面的影响。因此，商业秘密较多的企业不适合上市。

另外，有些企业的部分利润来源可能是政府给予的种种优惠，而很多优惠措施对社会民众来说是保密的，如政府的补贴、退税等。这些信息的公开化和透明化，也有可能给企业造成负面的影响。

### 3. 不用迅速作重大决策

有一些企业的经营业务比较特殊，经常需要迅速作出重大决策，这样的企业不适合上市。为什么呢？因为上市企业的组织结构决定了重大问题的决策需要经过董事会，甚至股东大会的批准，但股东大会并不是说开就开，而需要提前30天通知各股东。这样一来，往往还没等到股东大会批准，商机早就消失了。所以，经常需要迅速作重大决策的企业不适合上市，如果上市了，反而会影响正常的经营活动。

### 4. 发展到一定阶段

正如案例中正泰电器的董事长兼总裁南存辉所说，当企业发展到一定阶段的时候，上市是必需的。这时候，企业往往对资金的需求增加，或希望通过上市获得广告效应，或需要进一步规范经营管理。确切地说，这时候的上市收益是高于上市成本的。

当然，也有一些处于初创期和竞争期的企业因为对资金的需求而谋求上市。但是，这些企业大多规模小，业务不稳定，不具备持续的赢利能力，对投资者没有足够的吸引力，而上市又必须花费大量的固定成本。所以，对于处在这一阶段的企业来说，上市是一种沉重的负担，也必然会以失败告终。那它们该怎么办呢？它们完全可以通过引入风险投资来满足融资需求。

根据一些学者的研究，我国的风险投资市场目前已具有一定的规模，不但有众多的本土风险投资机构，如深创投、鼎晖和弘毅等，而且还吸引了一些著名的国际创业投资机构,如IDG、华平和黑石等。等发展到更成熟、更稳定的阶段后,在风险投资的帮助下,企业成功上市的可能性会大大增加。

由此可见,上市应该是企业发展到较为成熟阶段的更高层次的需求,是生命周期发展到一定阶段的暗示。

【总结】并不是所有的企业都适合上市,也并不是所有适合上市的企业都达到了该上市的阶段。作为企业的总经理,在清晰了解上市的成本与收益后,要进一步认识自己的企业,判断企业的特征,并在企业发展到一定阶段的时候才着手上市。

# 三、上市需要哪些条件

如果你的企业适合上市,并且已经到了适合上市的阶段,你下一步应该考虑的是企业上市需要满足哪些条件。全面了解上市所需条件,可以让你明确努力的方向。

**案例**

平安证券总裁薛荣年在"第二届清华大学中国创业者训练营"讲座中谈到,在IPO审核中,证监会发审委主要关注以下几个方面:

第一,企业历史的沿革及资本形成的过程。上市之前,企业的信息是不透明的,这时企业好比一个黑屋子。上市时,企业就需要从屋内走到屋外。因为,为了保护其他即将购买企业股份的投资者的利益,证监会发审委需要知道你的财富是怎么来的,财富来源是否正当,是否有理由。所以,你要告诉大家你在黑屋子里面的整个成长过程,包括创业经历。

第二,企业是否独立,是否有独立的生存能力。证监会发审委要求上市企业的资产、人员、机构、业务等具有独立性,也就是说,企业和企业的股东、关联企业、兄弟公司之间没有重大的关联交易,也不存在同业竞争。

第三，企业的核心竞争力。换言之，证监会发审委会关注你在招股说明书报告这段时间干了什么事、企业目前在行业里所处的地位以及与行业其他企业相比所具有的优势。

第四，企业的财务状况。证监会发审委不仅要求企业的财务状况真实、准确，而且要求财务报表漂亮。

第五，企业是否有清晰的战略。证监会发审委会关注，当股东把钱给了你以后，你要干什么，怎么干，以及这些计划是否清晰、明确。答案当然是要围绕主业发展，而不要自己本来是做化工的，却拿了钱改行做电子。

【分析】归纳起来，案例告诉我们，总经理们大致要从如下几个方面衡量自己的企业是否已经达到上市的总体要求：

第一，是否有好的历史沿革及资本形成过程、核心竞争力、清晰的战略。这三点归结起来，我们可以统称为"好的故事"。

第二，是否有良好的财务状况。这主要包含两方面的含义：其一，要有持续的赢利能力；其二，要有漂亮的报表，当然这些是建立在真实财务状况的基础之上的。

第三，企业是否独立，是否有良好的治理结构。

## 1. 好的故事

**案 例**

一个偶然的机会，无锡市高新技术风险投资股份有限公式投资部经理张维国发现了施正荣的项目。于是，他找到施正荣，共同创立了一家太阳能电池生产企业——无锡尚德太阳能电力有限公司（以下简称无锡尚德）。

回顾创业的艰辛与成功，CEO施正荣常说了这么一句话："我们在一个合适的时机进入了一个好的行业。"

原来，在无锡尚德成立初期，太阳能行业正好进入了一个崭新的阶段。无锡尚德紧紧抓住光伏市场启动的机遇，生产的太阳能电池质量好，价格还比其他厂家便宜5%，广受欢迎，远销德国。此外，无锡尚德在技术上坚持做精做强，其单晶硅和多晶硅电池的转换率都高于行业平均水平，引起了国际投资者的强烈关注。

伴随着转换率的提升以及产业规模化优势的显现，无锡尚德的赢利水平不断提高，市场竞争力也随之增强。最终，无锡尚德成功在纽约证券交易所上市，成为中国太阳能产业的第一股和民企登录纽交所的第一股。

【分析】要想成功上市，企业首先要有个好故事，也要会讲故事。要有好故事，说白了，就是要有一个好的上市概念。而上市概念是指，企业不仅要有顺理成章的历史沿革、明明白白的第一桶金及后续的财富积累，也要有合乎逻辑、顺应趋势、切合环境的产业理念和经营模式，还要有核心竞争力，且主业突出，发展战略清晰。

在案例中，施正荣的故事就非常吸引人。故事的开始是风险投资的注入，这为企业提供了财力支持；然后故事继续展开，讲无锡尚德顺应了节能环保的趋势，着重打造产品的高质量、低价格、技术领先等优势，并打开了国际市场，形成了自身的核心竞争力；最终，无锡尚德在纽约证券交易所成功上市，故事有了一个完美的结局。

## 2. 持续的赢利能力

不管你的故事有多美好，如果企业赚钱的能力不强，一切都将是虚空。因此，企业成功上市的一个重要前提是具有持续的赢利能力。在这里，企业光有赢利能力是不够的，还必须有持续的赢利能力。赢利能力好理解，就是企业的净利润必须达到证监会的要求，而持续的赢利能力是企业的独立性、资产结构以及经营战略等各方面共同作用的结果，其中最重要的是经营战略的选择。

彭小峰领导的江西赛维成立两年就顺利在纽约证券交易所上市，并成为了亚洲最大的多晶硅片供应商。江西赛维成功上市的秘诀有二：

第一，企业具有非凡的财务业绩。2006年，赛维的年销售收入为1.0545亿美元，而单单2007年第一季度的销售收入便为7340万美元，超过了纽约证券交易所《非美国公司上市标准》中"过去两年中每年税前收入2500万美元"的规定,这为其成功上市奠定了基础。

第二,企业具有持续的赢利能力。与其他太阳能电子厂和太阳能设备组装厂不同,彭小峰准确地抓住了太阳能产业链的利润环节,将产品定位在利润最高、竞争企业少的产业链上游,专门为太阳能电池提供原材料。

## 3. 漂亮的报表

会计是一门国际通用的商业语言,它将企业的不同经济活动以会计特有的语言表述出来,总结为概括性和综合性最强的财务信息,并最终体现在财务报表上。因此,财务报表是企业财务状况、经营成果和现金流量状况的最终反映。在上市申报审核中,财务报表是证监会发审委的关注重点。

此外,正如平安证券总裁薛荣年所强调的,报表所展示的赢利能力、财务状况和现金流状况应是真实、可信的。上市的过程是跟聪明人打交道的过程,这些聪明人包括政府监管机构、立法机构、中介和投资者,要想欺骗他们,将直接导致上市失败。例如,某网络通信股份有限公司上市申请被否的理由是:2005年、2006年的净利润较为接近,分别为797万元、748万元,但2007年的利润却突然上升为7034万元,而企业又不能提供合理的解释。

## 4. 良好的公司治理结构

企业成功上市的最后一个前提条件是必须具备良好的公司治理结构。那么,什么是公司治理结构呢?因为企业上市便意味着所有权和经营权的分离,股东不直接进行企业的日常经营,而是把经营交给企业的管理层,但基于自身的利益,管理层又有自己的追求,比如他们会追求更多的在职消费、独立决策的权利,以及更大的企业规模以显示自身的政绩,因此股东与管理层之间存在着利益冲突。而公司治理结构正是用来平衡股东和管理层之间利益关系的一种机制。

所以，上市企业要成立股东大会，由股东大会选举董事会，再由董事会代表他们在日常经营中行使决策权，并监督企业管理层。董事会必须有外部独立董事，以保证董事会决策的公正性和独立性。董事会之外还应设有监事会，以监督董事会和管理层的行为。此外，董事会下设审计委员会，对企业的财务工作作进一步的监督。

良好的公司治理结构不仅是形式上的良好，如设立了股东大会、董事会、监事会，建立了独立董事制度和审计委员会制度等，更应该是实质上的良好，这具体表现为董事会的效率。那么，什么样的董事会，才是高效的董事会呢？

第一，具有合适的规模。董事会通常维持在 7～9 名成员，因为人数过多，将导致董事会表决效率低下，而人数过少，则董事会容易被管理层控制。

第二，内部董事较少在企业中兼任管理层。这样一来，董事会被管理层控制的可能性会减少。

第三，保证定期召开董事会会议。有些企业的董事会形同虚设，一年到头也开不了几次董事会会议，而有些企业的董事会却很有效率，决策大都通过董事会表决。

第四，能够发挥独立董事的作用。有些企业的独立董事是花瓶，仅用来作摆设，满足监管的需求，而有些企业的独立董事却在经营和财务上发挥实质性的监督作用。

【总结】如图 1-1 所示，总经理们要按此流程对企业进行上市论证，以判定自己的企业是否适合上市。如果企业上市的收益高于成本，企业适合上市并已经到了适合上市的阶段，那么总经理们接下来就应认真了解上市的总体条件，以明确未来努力的方向。

归纳起来，企业上市所需要的条件主要体现在以下几个方面：

第一，企业应有好的故事题材和可以说明这个好故事的漂亮报表。

第二，具有持续的利润来源。

第三，公司治理结构不仅在形式上完整，还在实质上有效。

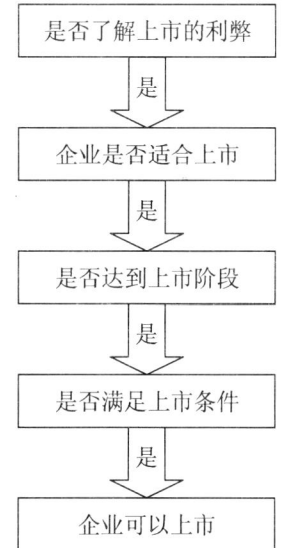

图 1-1 企业上市的论证过程

# 第二章
## 上市之路该如何走

**你将在本章学到：**
- 如何选择最佳的上市时机
- 如何选择最适合的上市地点
- 如何确定最优的上市方式
- 如何获得更高的发行价格

**关键词：** 上市时机　上市地点　上市方式　发行价格

在进行了充分的上市论证，并确定企业要上市后，总经理们接下来面临的问题是：上市之路该如何走，才能为企业插上资本的翅膀，融得更多的资金。这时，总经理们就要特别关注这四个关键环节：在什么时机上市，在什么地点上市，以什么方式上市，以什么价格上市。

# 一、在什么时机上市

选择上市时机是企业满足上市条件后面临的第一个问题。对于这个问题，在任何时候都不是回答得越快越好。为什么这么说呢？因为，上市的主要目的在于通过向市场出售股份获得新的资金，但可获得的资金规模与上市时企业的估值密切相关，企业估值越高，上市时的定价必然也越高，那么在发行股份数相同的情况下，上市发行价格越高，企业必然融得的资金也就越多。所以，总经理们应选择合适的上市时机，尽量放大企业的上市估值。

### 案例

在短短的一年时间里，国内医院液晶广告市场的老大——炎黄健康时代传媒广告有限公司（以下简称炎黄健康）便完成了两轮融资。第一次融资时，炎黄健康拿下了软银赛富基金首笔500万美元的投资；第二次融资来源于包括汇丰银行在内的四家国际风险投资，他们联手向炎黄健康投入3500万美元。炎黄健康披露，这笔筹资将主要用于医院液晶屏网络的开拓和扩张。其实，炎黄健康很早就开始酝酿上市，而就上市问题，《上海证券报》记者曾对董事长赵松青进行过专访。

当时，记者首先对炎黄健康的业绩进行了提问。赵松青说："由于前期投资较小，网络铺设不够，直至2006年获得风险投资后，公司才开始有赢利，不过2007年同比已经增长了十几倍。我们预计2007年的利润率是35%～40%，2008年达到45%～50%，2008年收入达到3.5亿元。"

后来，记者又对炎黄健康赴美国上市的工作筹备进行了提问。赵青松说："没有特殊情况，我们将预计在2008年的6～12月开始IPO工作。不过，也许上市时间会有所变动，这主要看明年一季度的公司业绩情况和那时的资本市场情况，因为我们想选择一个合适的时机上市，这样的话，股票能够有个比较好的价格。从目前公司业绩的增长来看，公司在2008年达到纳斯达克上市标准没有问题,但如果资本市场条件不容许或者 2009 年上市价格更好,上市时间也可以推迟。"

【分析】在企业业绩不断增长的大好形势下,炎黄健康董事长赵青松对企业上市时机的选择仍然非常慎重,以求获得好的发行价格,甚至允许将上市时间推迟一年。那么,总经理们在选择企业上市时机时,要着重考虑哪些方面的问题呢?

## 1. 市场氛围

一般而言,股票市场只会出现热和冷的状态,而不会出现介于热和冷之间的状态。在市场热的时候,股票竞相上市;在市场冷的时候,几乎没有股票上市。之所以出现这样的现象,是因为:在市场热的时候,投资者对市场比较乐观,愿意给股票更高的估值,因此企业上市时募集的资金也就更多;在市场冷的情况下,投资者的情绪比较低落,不愿意给股票太高的估值,因此企业上市时募集的资金也相应地不会很多。

在案例中,炎黄健康董事长赵青松在回答记者提问时提及的"那时的资本市场状况",其实就是指市场的整体氛围。好的市场氛围将导致股票市场整体的价值高估,股票也便能有一个比较好的价格。而正泰集团董事长南存辉在解释正泰集团上市进程缓慢时,也曾表示,在企业自身作好上市准备以后,还要根据整体的经济环境状况,选择在市场环境最佳的时候进入市场。

## 2. 同期上市企业的质量

除了考虑市场氛围外,企业在选择上市时机时,还应考虑同期上市企业的质量。为什么呢?因为同期上市企业的质量会让市场对自己企业的质量有一个预先的估计,如果同期的上市企业质量都很好,那么市场会惯性地认为你的企业的质量也会很好,会在首发上市定价时给你的企业一个较高的估值。这就好比你的朋友都很优秀,那么社会对你也会有较好的评价。我国有句古话,叫做"物以类聚,人以群分",说的也是这个道理。

相反，如果同时期上市企业的质量都不是很好，而你的企业的质量较好，你一定要谨慎行事了，最好换个时机上市。否则，一旦市场将你的企业与其他企业混为一谈，你将很难获得较高的发行价格。

## 3. 企业的内在修为

企业的内在修为，是指企业自身的业绩和质量，这其实也是市场最为看重的。企业自身的业绩和质量不仅决定了上市的成败，也决定了上市的股票价格。因此，炎黄健康在选择上市时机时首要考虑的是"明年一季度的公司业绩情况"。

一般情况下，为了取得更好的业绩和质量，企业在上市之前都会引进一轮私募股权融资。私募股权的进入，为企业带来了更多的现金流，使企业有能力发展企业，扩大经营，增加收入。同时，作为专业的投资者，私募股权拥有更先进的管理团队，能够帮助企业改善管理，优化战略，并能提供增值服务，为日后的上市作好充分准备。不仅如此，私募股权还有可能帮助企业打通上市的渠道，增加成功上市的可能性。这样一来，企业在真正上市的时候，IPO定价就会更高，在出售相同股份数的情况下，就可以融到更多的资金。在一个优秀的私募股权的帮助下，企业上市时的股价要远远高于没有私募融资情况下的股价。

举一个简单的例子，假设企业上市前一年的净利润达到了5000万元，在创业板上市时的市盈率为100倍，那么：

$$V = 净利润 \times 市盈率 = 5000 万元 \times 100 = 50 亿元$$

也就是说，该企业上市时，市值可以达到50亿元，出售25%的股权可融得12.5亿元的资金。

---

**知识链接**

市盈率（P/E ratio）又称倍数，指当前股价除以年度的每股净利润的结果。一般情况下，处于"HOT"状态的股票按高倍数出售，

> **知识链接**
>
> 如成长型股票；处于"COLD"状态的股票按低倍数出售，如价值型股票。其公式为：
>
> $$市盈率（P/E\ ratio）= \frac{每股价格}{每股净利润}$$

这时，如果有一个私募股权希望参股企业，并给企业带来5000万元的资金。这时，企业一年以后净利润达到1亿元。当然，为了引入私募股权，企业可能需要推迟上市时间。当企业再次准备上市时，如果仍然以100倍的市盈率计算，企业市值可以达到100亿元，在同样出售25%的股权的情况下，可以获得25亿元的社会资金，这比不采用私募股权融资时增加了整整一倍。也就是说，企业引入了5000万元的私募股权，却增加了12.5亿元的社会融资。

在案例中，炎黄健康在上市前便引入了两轮私募股权，一次是软银赛富基金，一次是包括汇丰银行在内的四家国际风险投资，并且企业是在2006年引入了私募股权以后，才在2007年开始有赢利，而新一轮的私募股权融资将使企业在2008年获得3.5亿人民币的预计收入。不仅如此，大家耳熟能详的百度、阿里巴巴、百丽、尚德太阳能、分众传媒等企业，也都是在获得了私募股权融资，进一步扩张企业和提高企业业绩后，再谋求上市的。

> **知识链接**
>
> 在广义上，私募股权是指所有投资于未公开上市的企业的权益资金，像创业投资和风险投资，都属于私募股权；在狭义上，私募股权是指投资于前IPO阶段企业的股权投资基金，其最主要的目的是增加企业资本，使企业达到上市要求并能成功上市。

【总结】上市时机的选择可以让企业在首次上市时获得更好的IPO价格，使企业在发行相同数量股份的情况下，能够融得更多的资金。因此，

选准上市时机是企业上市成功的第一步。在选择上市时机时,作为企业的总经理,你应关注:

第一,市场氛围与投资者的情绪。因为好的市场氛围和投资者的乐观情绪,能使股票的估值更高。

第二,同期上市企业的质量。同期上市企业的质量是投资者对你的企业进行质量估计的依据,同期上市企业的质量高,将导致投资者对你的企业的质量有更高的预期,从而形成较高的 IPO 价格。

第三,企业的内在修为。企业的内在修为是决定 IPO 价格的最重要因素。一般而言,企业在达到一定的规模和一定的业绩之后再着手上市,能获得更高的 IPO 价格。另外,引入私募股权是企业获得更高的 IPO 价格的一个有效手段。

## 二、在什么地点上市

企业在上市时,除了要考虑合适的上市时机外,挑选适当的上市地点也是非常关键的,因为上市地点的选择牵涉到上市成本、市盈率、上市风险和融资额度,进而直接影响上市的成败。因此,企业在选择上市地点的时候,应合理权衡,不仅要考虑自身的优势和发展需要,还要评估不同交易所的特点、优势和劣势,最终选择适合自己的证券市场上市。

**案 例**

2010 年 3 月 30 日,福建泉州中宇卫浴成为首家在德意志交易所主板市场上市的中国企业。据了解,内地、香港及新加坡为福建泉州企业上市的优先选择,还有少数企业选择了在韩国上市,而中宇卫浴却把上市地点选择在了德国,这在泉州民营企业阵营中可以说是另辟蹊径。这样的选择即使在全国范围内也很少见,包括中宇卫浴在内,总共只有 4 家企业选择在德国上市。

之所以选择德国,董事会主席兼首席执行官蔡建设有着自己的如意算盘。他说:"德国市场分为高级市场、一般市场和初级市场三类。高级市场和一般市场的上市条件是按照欧盟管理标准制定的,门槛很高,而初级市场定位是中小企业,要求相对低,企业只要成立时间在一年以上,就可以申请。像中宇这样正常经营的企业,是很容易满足初级市场的上市标准的。并且,相比美国市场,在德国市场上市的手续更简便,监管也更松。德交所的上市核准是世界上公认最快的,若选择在初级市场上市,一般全部上市手续在3个月内就能完成。还有一点,德国证交所上市的成本在整个欧盟范围内都处于较低水平。"

【分析】在案例中,中宇卫浴避开大多数中小企业扎堆的内地市场、香港创业板市场、韩国市场、新加坡市场和纳斯达克市场,另辟蹊径,选择了德国市场。总结起来,中宇卫浴选择在德国上市,可以用审核门槛低、上市时间快、低成本这三个原因来概括。上市的门槛,在很大程度上决定了企业得花多少时间才能达到上市条件,也决定了企业达到上市条件的难易程度;上市的便捷程度,也就是上市手续的复杂程度,决定了上市的快慢程度;上市所耗费的成本,对于一些规模较小的企业来说,也是一个重要的考虑因素,如果过高,那将是一个沉重的负担。

同时,中宇卫浴选择在德国上市,还有两大收益点:

第一,市场流动性强。德国股市的市场流动性欧洲第一,而且更吸引人的是,与美国市场不同,德国证交所对上市企业的注册地没有特别要求,这就意味着,中国企业去德国上市,无须采用红筹上市的方式去境外注册"壳"公司。并且,市场流动性越强,企业上市后的股票获得未来融资就越容易,风险就越小,定价也就越高。因此,在发行相同数量股份的情况下,企业筹集的资金也就越多。

第二,市场知名度高。德国是欧盟主要的成员国,其第五大城市法兰克福是欧洲最重要的金融中心之一,因此企业在德交所上市,就意味着企业在欧洲的金融中心建立了基地,这无疑提高了企业在欧洲的知名度。而且,金融市场和产品市场密切相关,企业在股市的知名度会向产品市场渗透,最终能扩大企业产品在欧洲市场的销售。

企业上市的首要目的是获得更多的资金，而市盈率水平是首次上市定价的一个重要决定因素，所以企业在选择上市地点时，除了要考虑审核门槛、上市时间、成本、市场的流动性与知名度等因素外，还要特别关注市场的总体市盈率水平。

为了让总经理们全面了解证券市场，选出适合自己企业的上市地点，下面我们重点介绍中小企业可选择的上市市场。其中，国内市场包括深圳创业板和中小板，国际市场主要包括香港创业板、新加坡自动报价市场和美国纳斯达克市场，这三个市场是我国内地企业经常选择的境外市场。

## 1. 国内市场

### （1）深圳创业板

2009年9月，酝酿已久的创业板市场推出了。深圳创业板市场开通伊始，就成为中小企业上市的主要国内市场。迄今为止，已有200多家中小企业在创业板上市。创业板的推出具有重大的意义，它完善了我国的资本市场体系，成为了孵化高新科技的摇篮，为中小企业融资提供了便利，在引导社会资源参与创新、促进我国的可持续发展等方面起到了重要的促进作用。

①上市门槛。相比主板市场，创业板市场的财务门槛较低。其具体财务要求为：

第一，发行人只需满足最近2年赢利，最近2年净利润累计不少于1000万元，且持续增长，或者最近1年赢利，且净利润不少于500万元，最近1年营业收入不少于5000万元，最近2年营业收入增长率均不低于30%。净利润以扣除非经常性损益前后孰低者为计算依据。

第二，最近一期末净资产不少于2000万元。

第三，最近一期不存在未弥补亏损。

第四，发行后股本总额不少于3000万元。

让我们再来看看主板的财务门槛，它要求3年连续赢利，且3年累计净利润达到3000万元,营业收入累计超过3亿元,IPO前3年现金流累计5000万元。所以,与主板相比,创业板的上述规定降低了净利润和营业收入要求,而且对现金流量也没有具体规定。同时,创业板也放低了无形资产比重方面的要求。根据《公司法》的相关规定,创业板全体股东的货币出资不得低于公司注册资本的30%,所以理论上,无形资产占净资产的比重可以达到70%,而主板要求无形资产占净资产比例不高于20%。

②上市的便捷程度。虽然我国目前上市不再像过去审批制那样需要层层上报,便捷程度有所提高,但是企业从上市辅导到受理,再到最后的核准,一般需要18~24个月的时间,申报时间较长,申报手续也较为烦琐。上市流程如图2-1所示,其具体流程在后面的章节中会有详细介绍。

③上市成本。上市成本不仅包括为了完成信息披露所需要的成本,还包括支付给证券机构的承销费用,以及支付给会计师事务所和律师事务所的中介费用。甚至有报导披露,中介费用已然成为IPO定价中必须考虑的因素。当然,除了上述公开披露的上市成本外,还有一些费用是无法在上市材料中披露的。总体而言,企业在创业板上市,平均耗费不低于800万元。

④市场流动性。市场的流动性取决于很多因素,但概括起来,主要有两方面:一是,上市企业的质量;二是,市场整体的风险。与主板市场相比,创业板上市企业的质量更低一些,市场的信息不对称程度更高,市场整体风险更高,市场流动性更低。

流动性的高低可通过冲击成本和流动性指数加以判断。例如,《中国证券报》在2010年4月30日披露:

2010年4月29日,深交所金融创新实验室发布了《2009年度股票市场绩效报告》。该报告显示,与2006~2008年这三年相比,2009年深市流动性等多数指标均更高,其中,值得注意的是创业板的流动性水平过高。根据报告,2009年深市A股10万元冲击成本指数为14个基点,1%

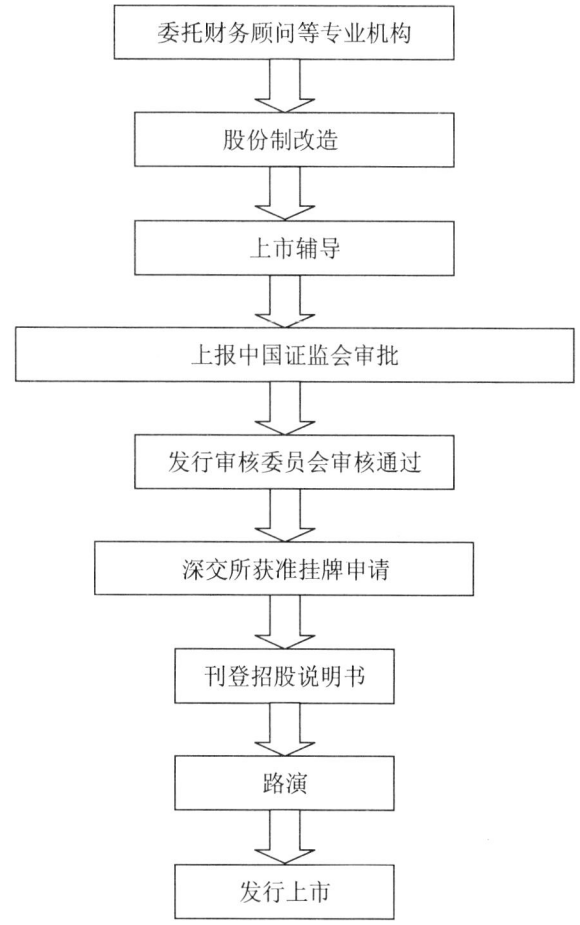

图 2-1 创业板上市流程图

的流动性指数为 300 万元,而 2008 年相应的指标则分别为 34 个基点和 136 万元。这意味着,如果以冲击成本指数和流动性指数来衡量流动性,那么 2009 年的市场流动性高于过去三年的水平。同时,就流动性的分布而言,2009 年深市流动性的质量更好,当年流动性并不是以牺牲股票之间的流动性为代价的,因为与 2008 年相比,股票之间的流动性差异显著缩小。

> **知识链接**
>
> 　　冲击成本指数是采用一定的方法编制的衡量价格冲击成本的指数。价格冲击成本是指买卖一定金额股票所产生的价格冲击的成本。例如，上海证券交易所《市场质量报告》计算了交易 10 万元股票的价格冲击指数，相对 1995 年股市建设初期的 199 个基点（1 个基点等于万分之一），2010 年下降到 13 个基点，流动性成本从整体来看（剔除 2008 年）呈现显著下跌趋势，市场流动性出现较大改善。
>
> 　　流动性指数，是指使价格上涨 1% 所需要的买入金额和使价格下跌 1% 所需要的卖出金额的均值。例如，上海证券交易所《市场质量报告》的计算结果表明，相比市场低迷的 2008 年，2010 年期间沪市流动性指数上升了 155%，为 387 万元，与 2009 年相当。

⑤市场知名度。我国的创业板市场从酝酿到推出，经历了 9 年之久，吸引了广大群众的眼球。当深圳中小板推出时，很多人认为这是创业板的权宜。因此，创业板市场在国内享有较高的知名度。但另一方面，因为国内的市场层次较为分明，对于社会公众来说，创业板企业意味着较高的风险。

⑥市盈率水平。创业板的平均市盈率水平非常高，2009 年 12 月，其平均市盈率水平是 122.27 倍，2011 年股市虽然不景气，但其平均市盈率水平仍在 50 倍左右。因此，相同的业绩水平，在创业板上市的融资要更多。华谊兄弟是大家都熟悉的企业，在上市之前，华谊兄弟不但满足了创业板的上市要求，也满足了中小板的上市要求，但其最终选择了在创业板上市。华谊兄弟之所以作出这样的决定，创业板的高市盈率水平是一个重要的考虑因素。

（2）深圳中小板

严格来讲，在创业板推出之前，深圳中小板在一定程度上起到了为中小企业提供融资场所的作用。与创业板相比，中小板有如下特点：

①上市条件与主板市场相同，要求更高。

②从改组到上市需耗费的时间更长，花费也较高。

③上市企业的质量相对较高，市场整体风险较低，因此市场流动性比业板好一些。

④世界上各国都将创业板作为孵化创新的摇篮，而中小板是我国在推出创业板之前的权宜之计，是我国特有的，故知名度要小一些。

⑤平均市盈率水平比创业板要低，大概在 50 倍左右，如 2009 年 12 月的平均市盈率水平约为 53 倍，不过今年已降至 30~40 倍。

总之，一旦你的企业决定在国内上市，那么就是在创业板和中小板之间选择的问题了：首先，两个板块各有利弊。其次，如果企业发展得较为成熟，财务业绩较好，为了追求流动性更强的市场，那么应该选择中小板。再次，如果企业不是太成熟，而希望通过上市获得更多的关注和资金，那么创业板则是更好的选择。当然，风险也会更高。

## 2. 国际市场

一般情况下，境内企业海外上市须具备以下条件：

符合我国企业海外上市的法律、法规和规则；

筹资用途符合国家产业政策、利用外资政策及国家有关固定资产投资立项的规定；

净资产不少于 4 亿元人民币，过去一年税后利润不少于 6000 万元人民币，并有增长潜力，按合理预期市盈率计算，筹资额不少于 5000 万美元；

具有规范的法人治理结构及较完善的内部管理制度，有较稳定的高级管理层及较高的管理水平；

上市后分红派息有可靠的外汇来源，符合国家外汇管理制度；

符合证监会规定的其他条件。

而在向上市地的证券监管机构报送申请之前，企业还应完成下述程序：

在向海外证券监管机构或交易所提出发行上市初步申请 3 个月前，

须先向我国证监会报送申请报告、所在地省级人民政府或国务院有关部门同意企业海外上市的文件，以及海外投资银行对企业发行上市的分析推荐报告这三份文件；

证监会就有关申请是否符合国家产业政策、利用外资政策以及有关固定资产投资立项规定会商发改委和国家经贸委；

经初步审核，证监会函告企业是否同意受理其海外上市申请的初步结论；

企业在确定中介机构之前，应将拟选中介机构名单书面报证监会备案；

企业在向海外证券监管机构或交易所提交的发行上市初步申请的5个工作日前，应将初步申请的内容上报证监会备案；

企业在向海外证券监管机构或交易所提出发行上市正式申请10个工作日前，须向证监会报送企业审批机关对设立股份公司和转为海外募集公司的批复、公司股东大会关于是否海外募集股份及上市的决议、国有资产管理部门对资产评估的确认文件、国有股权管理的批复、国土资源管理部门对土地使用权评估确认文件、公司章程、招股说明书、重组协议、服务协议及其他关联交易协议、法律意见书、审计报告、资产评估报告及赢利预测报告、发行上市方案、证监会要求的其他文件。

了解了境外上市的相关规定和流程后，下面我们分别介绍香港创业板、新加坡自动报价市场和美国纳斯达克市场。

**（1）香港创业板**

①上市门槛。香港创业板因为地理位置近，因而以"近水楼台先得月"之势，吸引了很多内地的中小企业。香港创业板对企业没有赢利方面的要求，但要求企业必须有24个月的"活跃交易记录"，营业额、总资产或上市市值要超过5亿港元（合人民币4.395亿元），因此相比在上海和深圳证券交易所申请上市，其门槛低了很多。

②上市的便捷程度。图2-2为在香港创业板上市的流程图。

从图2-2可以看出，在香港创业板上市比在深圳创业板上市更复杂

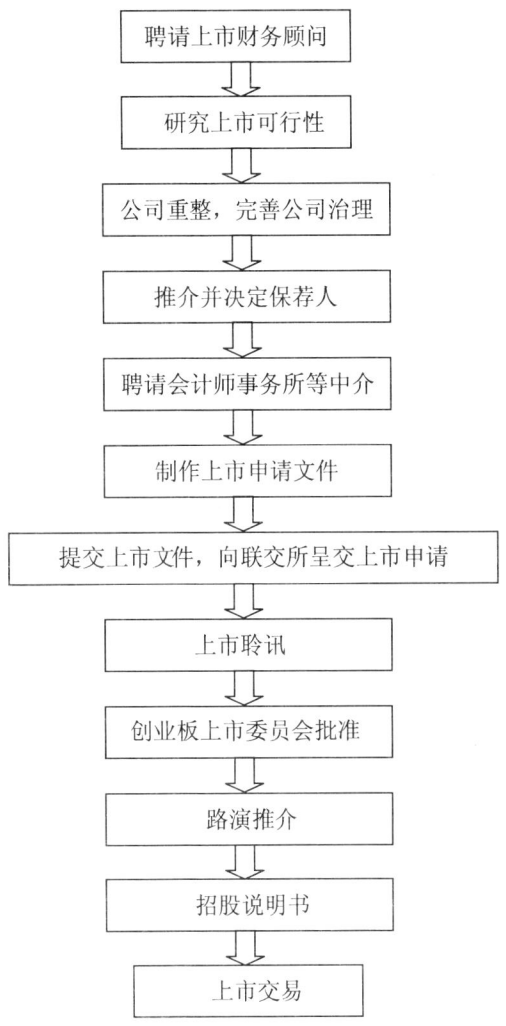

图 2-2 香港创业板上市流程图

一些。通常情况下，企业需要用 7 个月左右的时间完成上市的整个过程。然而，因为内地的一些民营企业在香港上市的操作不规范，一定程度上损害了内地企业在香港创业板的声誉，所以目前香港联交所在对内地民营企业的上市审批上更加谨慎，大大延长了企业 IPO 的时间，并同时降低了申请成功的概率。

③上市成本。从资本市场上来说，在香港创业板上市属于境外上市，需要聘请外资的专业机构，包括外资的保荐人、公司法律顾问、保荐人

法律顾问、申报会计师、资产评估师、公关服务顾问等，因此上市成本要比在深圳和上海证券交易所上市高一些，大概为1000万港元（约合人民币829万元）。

④市场流动性。与深圳创业板类似，香港创业板作为扶持中小高新科技企业的板块，市场本身的风险较高，并且因为对企业没有上市前业绩方面的要求，又进一步加大了市场的风险，降低了市场的流动性。但是，因为香港创业板比深圳创业板成立的时间要长，市场监管配套机制较为完善，对投资者的保护更强，因此又在一定程度上降低了风险，增强了市场的流动性。而且，由于地域、语言、市场推广等关系，香港创业板市场的投资者对内地企业的认知度比较高，因此流动性得到了增强。

⑤市场知名度。香港是亚洲乃至世界的金融中心，因此香港创业板的知名度要高于深圳创业板，所以选择在香港上市能够造成更大的明星效应，吸引更多的投资者、供应商、客户，甚至是政府的目光。

⑥市盈率水平。相比深圳和上海市场，香港市场较为成熟，市盈率水平较低，大概为10倍左右。

**（2）新加坡自动报价市场**

①上市门槛。新加坡自动报价市场于1987年成立，相当于新加坡的创业板，其目的是为了让有潜力的新兴企业上市融资。自动报价市场的上市门槛很低，对税前利润、资本额大小、营业记录等均无具体要求。

②上市的便捷程度。图2-3显示了在新加坡自动报价市场上市的流程。可见，在新加坡上市，流程较为复杂，上市一般需要4~8个月时间。

③上市成本。企业在新加坡自动报价市场上市大概需耗费600万元。

④市场流动性。总体上，新加坡自动报价市场的流动性不是很强，具体表现在如下两方面：一方面，自动报价市场对上市企业没有历史财务业绩、资本额大小、营业记录等方面的要求，企业上市的风险更高；另一方面，在新加坡自动报价市场上市的中国企业还没有形成焦点板块，市场的关注度较低，流动性较差。

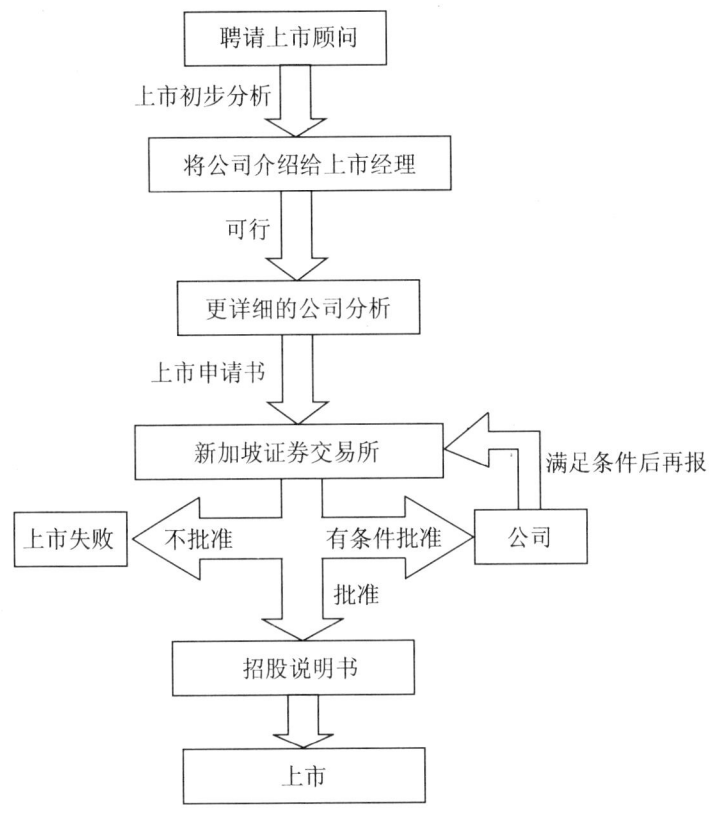

图 2-3 新加坡市场上市流程图

⑤市场知名度。新加坡地处东南亚，国家面积较小，人口较少，国际化程度更低，竞争力更弱，因此相比香港市场，新加坡自动报价市场的知名度要更小一些。

⑥市盈率水平。新加坡自动报价市场的市盈率水平与香港类似，也为 10 倍左右。

（3）美国纳斯达克市场

炎黄健康时代广告传媒有限公司的案例中也涉及上市地点的选择，最终，炎黄健康选择了在美国上市。关于这一选择，其董事长赵松青主要基于几个方面的考虑：首先，新媒体行业在美国上市的成功概率较高，且已有很多先例可以借鉴，而在国内市场成功上市的案例却几乎没有；其次，高科技和新媒体行业在美国市盈率较高，能够获得较好的融资价格，并能够最终增加融资收入。

与炎黄健康类似，美国市场，特别是纳斯达克市场是我国很多企业优先考虑的市场。纳斯达克市场始建于1971年，具有较长的历史，是世界最大的股票电子交易市场。它完全采用电子方式进行交易，为新兴产业提供了自由竞争的舞台。纳斯达克分为全国市场和小型资本市场两个市场，全国市场主要吸收有一定规模的企业，而规模较小的新兴企业则在小型资本市场上进行交易。

① 上市门槛。

第一，企业在纳斯达克全国市场上市有如下要求：

有赢利的企业的最新财政年度或者前3年中2个会计年度的税前收入要在100万美元以上，对无赢利的企业则没有要求。

有赢利的企业无经营年限要求，但资产净值须在1500万美元以上；无赢利的企业需要经营3年以上，资产净值要在3000万美元以上。

为了保证股票的流通性和企业的质量，纳斯达克全国市场还有一些关于公众持股量、公众持股价值、股东数、做市商个数和公司治理等方面的要求。

第二，企业在小型资本市场上市有如下要求：

先决条件。必须是经营生化、生物技术、医药、科技（硬件、软件、半导体、网络及通讯设备）、加盟、制造及零售连锁服务等，经济活跃期满1年以上，且具有高成长性和高发展潜力的企业。

消极条件。企业有形资产净值在500万美元以上，或最近1年税前净利在75万美元以上，或最近3年其中2年税前收入在75万美元以上，或公司资本市值（market capitalization）在5000万美元以上。

积极条件。SEC及NASDR审查通过后，企业须有300人以上的公众持股（NON – IPO①得在国外设立控股公司，原始股东须超过300人）才能挂牌。美国证管会手册（SEC manual）里规定，公众持股人持有股数

---

① NON – IPO是一种挂牌方式，是指企业以现在的条件，在注册前就已经达到了美国证监会上市的门槛，不必利用市场投资机构的资金，却也可以在美国证券市场挂牌上市。——编者注

须在整股以上（基本流通单位 100 股）。

诚信原则。纳斯达克流行一句俚语：any company can be listed, but time will tell the tale.（任何公司都能上市，但时间会证明一切）。意思是说，只要申请的企业秉持诚信原则，挂牌上市是迟早的事，但时间与诚信将会决定一切。

可见，纳斯达克全国市场的上市门槛比新加坡自动报价市场要高一些，与香港创业板差不多，比深圳创业板要低一些，而纳斯达克小型资本市场的上市门槛则比其他三个市场都低。

②上市的便捷程度。图 2-4 显示了纳斯达克市场的上市程序。

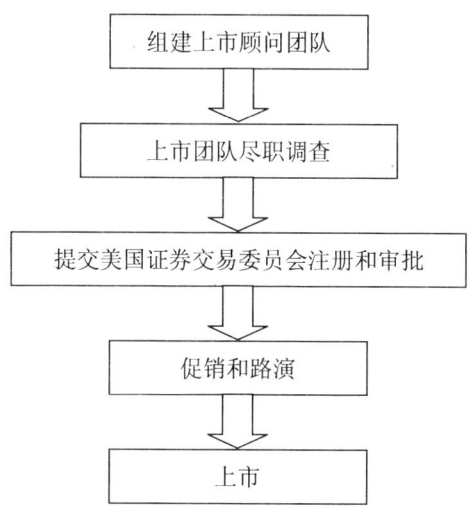

图 2-4　纳斯达克市场上市流程图

因此，如果想在纳斯达克市场上市，企业要完成如下程序：

第一，组织上市顾问团队。上市顾问团队由投资银行、法律顾问、会计师等组成。

第二，在上市顾问团队的协助下，进行管理运营、财务和法务方面的审查。尽职调查将为企业起草注册说明书、招股说明书、路演促销等奠定基础。

第三，准备好注册说明书、招股说明书、法律意见书等相关申报材料后,向美国证券交易委员会申请注册登记。注册审批是上市的核心阶段,美国证监会在30天内审查注册说明书。

第四,获得证券交易委员会的同意并注册登记后,企业便可以在投资银行的协助下进行促销,包括巡回路演和确定发行价格。

第五,发行价格确定以后,企业就可以公布正式的招股说明书,上市交易拉开序幕。

总的来讲,与前述其他市场相比,纳斯达克市场的程序并不复杂,企业上市所需的时间大概为4~6个月。

③上市成本。企业在纳斯达克市场上市的费用为150万美元左右,上市成本不是很高。

④市场流动性。与其他市场类似,在纳斯达克市场上市的企业的业绩不是太好,这在一定程度上增加了市场风险,降低了市场的流动性。但是,纳斯达克成立于1971年,在世界上面向中小企业的股票市场中,是历史最悠久的,其市场总体监管较为成熟,市场机制较为完善,这又在一定程度上降低了市场的整体风险,增加了市场的流动性。而且,随着中国经济的腾飞,美国的市场目前已形成了中国概念,并形成了热点,在纳斯达克上市的中国企业的流动性也较好。

⑤市场知名度。美国是世界上最强大的国家,而股票市场是一国资源配置的重要场所,因此美国的股票市场也受到了全世界的关注。一定程度上来说,能在美国市场上市,就意味着企业的质量达到了世界先进水平,因此美国市场的知名度效应是所有市场中最高的。

⑥市盈率水平。在香港市场、新加坡和美国市场中,美国市场的市盈率是最高的,其传统行业的平均市盈率通常达到20倍左右,而纳斯达克市场的市盈率水平会更高。在2011年福布斯的富豪榜单中,百度的创始人李彦宏以94亿美元的身家位于世界的第95位,成为了中国大陆的首富。2005年,百度在纳斯达克上市的时候,市盈率曾经达到2000倍,而同行业的谷歌,当时的市盈率是86倍。在遭受了2008年金融危机的袭击以后,美国市场的市盈率水平有所下降,2009年,百度的市盈率约86

倍，谷歌的市盈率为 14 倍。

【总结】在上市过程中，与上市时机选择类似，上市地点的选择同样也是个非常重要的问题，因为上市地点对上市成功的概率、上市成本、融资规模和上市后的资本成本都有重要影响。

国内的市场主要有深圳创业板和深圳中小板，国外市场主要有香港创业板、新加坡自动报价市场以及美国纳斯达克市场。当然，还有一些企业会另辟蹊径选择其他的市场，如案例中的中宇卫浴。但是，无论选择在哪里上市，企业都应重点考虑如下几个因素：

第一，上市门槛。企业要考虑市场对财务业绩、规模、资产结构、股东结构以及股票价格等方面的要求。

第二，上市的便捷程度。企业要考虑上市程序的复杂程度及上市所花费的时间。

第三，上市成本。企业要考虑上市所花的各种费用。

第四，市场的流动性。流动性越强的市场，风险越小，资本成本越低。

第五，市场的知名程度。越是著名的市场，越容易给企业带来明星效应，从而影响企业的经营活动。

第六，市场整体的市盈率水平。市场整体的市盈率水平在一定程度上影响了上市企业可融得的资金规模。

## 三、以什么方式上市

在决定了上市时机和上市地点后，总经理们还应考虑选择什么样的上市方式。上市方式主要包括直接上市和间接上市两种：直接上市则意味着企业要履行一系列程序，让自身符合法律要求之后上市，这是最常见的上市方法，又分为境内直接上市和境外造"壳"上市；间接上市则是指通过购买已经上市的"壳"资源，然后注入自身优质资产来达到上市的目的，我们一般将这称之为买"壳"上市。

> **知识链接**
>
> "壳"是公司能够在股票市场上市的资格。"壳"公司并不一定是一种资源,只有当"壳"公司满足资源的稀缺性和收益性等一般特性时,才成为一种资源。"壳"公司其实是对经营业绩差的上市公司的一种形象比喻。在国际证券市场上,"壳"公司是指拥有和保持上市资格,但相对而言业务规模小或停止、业绩一般或无业绩、总股本和可流通股规模小或停牌终止交易、股价低或趋于零的上市公司,被称为"shell company",通常分为"实壳"公司、"空壳"公司和"净壳"公司三种。

企业在选择上市方式的时候,主要考虑两个因素:一是上市成本,二是上市地法律和政策。下面我们分别介绍三种主要的上市方式。

## 1. IPO

**案 例**

在国内三大航空公司中,国航的上市时间最晚,历程也最坎坷。1998年至2000年连续三年亏损,让国航首轮上市无功而返。2001年,国航终于迎来期待已久的赢利,尽管利润不足4000万元。次年,国航本部实现营业利润6.46亿元,但因"4·15"空难及民航重组,上市计划再度搁浅。连续两年赢利之后,2003年,国航再次向股市发起新一轮冲击。最终,国航于2004年12月15日同时在香港、伦敦上市,于2006年8月18日在上海上市,成为国内首家在香港、伦敦和上海三地上市的航空公司。

【分析】案例中,国航采用的上市方式就是IPO。IPO是最常见、最直接的上市方式,也是本书关注的重点。IPO最基本的特点就是要让企业自身满足各项法律的规定。上一节中对不同上市地点的门槛、上市程序和上市成本的相关分析,主要是针对IPO而言的。

国航的上市过程一波三折,其中的一个重要原因是净利润不满足IPO的要求。因此,上市地的门槛限制会对企业上市造成很大的影响。此外,上一节的内容也告诉我们，IPO 需要耗费巨额的成本，这也是很多企业不采用直接上市方式的原因之一。

## 2. 造"壳"上市

**【案例】**

碧桂园上市首日市值便超过千亿元，成为内地上市房地产企业的市值冠军，其大股东28岁的杨惠妍荣登《新财富》2007年富人榜首富。

为了顺利实现在香港红筹上市，碧桂园通过设立多层级的BVI公司，完成了一系列的重组，从而使自身符合了境外证券市场的上市要求。经过筛选，碧桂园将房地产开发、酒店、物业管理、建筑、装修装饰和主题公园等业务作为上市资产，使自己在投资者眼里成了一家纯粹的专业房地产企业。

最终，碧桂园控股（02007.HK）以高于富力地产（02777.HK）、世茂房地产（00813.HK）、雅居乐（03383.HK）的市盈率发行，在香港融资148.49亿港元。

【分析】造"壳"上市是指企业在拟上市地的证券监管机构允许的国家或地区注册公司（或收购当地已经存续的公司），用以控股境内资产，而境内则成立相应的外商控股公司，并将相应比例的权益及利润并入境外公司，最后通过该控股公司的名义申请上市的方式。国内企业赴境外上市经常采用这种"曲线上市"的方式。

一般情况下，很多企业会选择在开曼群岛、维京和百慕大这些群岛建立"壳"公司。为什么呢？原因如下：

第一，公司注册程序简单，法律对公司上市规定宽松，公司可以不在注册地经营。

第二，公司信息私密性好，如公司的股东资料、股权比例、收益状况等信息都享有保密权利。

第三，税收政策优惠。这些地方被誉为是避税天堂，在这些地区注册的公司不用缴纳所得税和资本利得税。

造"壳"是境外上市的第一步,之后就可以按照上一节所述的国际市场的上市程序进行。

## 3. 买"壳"上市

### (1) 买"壳"上市的好处

**案 例**

ST长控(后更名ST浪莎)是2007年牛市中最耀眼的一只股票,也是最具魔幻的一只股票。它复牌第一天表现疯狂,复权后最高涨幅达1379.8%,创下中国A股市场股改复牌的最大涨幅纪录。在随后的90个交易日中,创造了31个涨停。

造成上述现象的主要原因在于浪莎集团借"壳"ST长控上市。那么,浪莎为何不直接上市,而选择这种上市方式呢?其实,浪莎在行业内已差不多稳居龙头老大的地位,完全可以直接上市,但是袜业的利润很低,直接上市的成本却很高,而收购一个ST公司的成本却要低很多,因此直接上市对浪莎的吸引力不大。

【分析】从案例中,我们可以总结出买"壳"上市的如下好处:

①成本相对低廉。买"壳"上市的成本比直接上市要低一些,因为"壳"公司一般都是经营业绩很差,甚至是准备退市的公司,购买成本相对较低。

②能够造成明星效应。在我国的证券市场上,"壳"资源是非常珍贵的,也是地方政府重点扶持的对象,如果能够让"壳"获得重生,势必会造成巨大的新闻和宣传效应,并受到媒体的追捧,因此买"壳"上市能够造成明星效应。黄光裕的鹏润地产选择借"中关村科技"这只股票上市,主要目的就是为了获得政府和市场的关注,因为中关村科技原来是一只政府和市场都非常关注的高科技股票。

③规避复杂的法律规定和上市程序。首次发行上市需要跨过上市的门槛,付出巨大的信息披露成本,建立各类制度章程,且必须经历从改制、重组到上市的复杂上市程序,而买"壳"上市则可以规避这些法律

规定和上市程序。

④避免泄露商业秘密。第一章里提到，上市意味着透明的信息披露。相关信息涉及重要的财务数据、重大交易、股本变化、赢利和预算，这些都是重要的商业信息，而它们一旦被竞争者知道，将给企业造成不利影响。但买"壳"上市就避免了这个困境，因为需要公开商业信息的是"壳"公司，而并非买"壳"的公司。

⑤获得财务利益。根据我国《税法》的规定，如果收购的是亏损公司，且将股票作为主要的支付手段，那么所收购公司的亏损是可以合并给收购方的。因为"壳"公司多为亏损多年、经营不佳的公司，这就意味着，如果买"壳"方采用股份收购，那么"壳"公司的亏损就可以从收购方的税前利润中抵扣，从而降低税收。

买"壳"上市的具体步骤如图2-5所示。

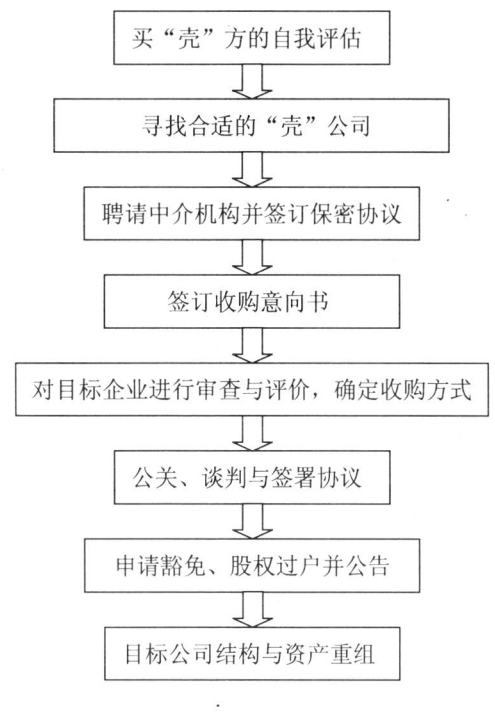

图2-5 买"壳"上市程序

### （2）买"壳"上市需要注意的问题

但是现实中，很多企业在买"壳"成功之后，最终却黯然退出，这在很大程度上是因为它们没有买到合适的"壳"。例如，在千禧年之交，名流投资入主幸福实业，但是幸福实业却并不真正幸福，并于2002年因连续3年亏损被暂停上市。名流投资买"壳"上市失败的一个很重要原因在于，在买"壳"前对幸福实业的分析不够深入。其实，名流投资耗费巨资买回的"壳"是一个早已被原来的大股东幸福集团掏空的空壳。

那么，总经理们应如何选择"壳"呢？我们应从如下几个方面进行综合考虑：

①行业前景。尽量选择所处行业与自己企业的发展战略相符的"壳"公司。

②公司业绩。这涉及企业对"壳"公司重组的程度。如果企业希望通过买"壳"立即向二级市场融资，那么"壳"公司的业绩就不能太差，因为首次公开发行之后向市场再融资也需要满足一定的要求。

③股权结构。在股权分置改革以后，我国的股票市场将实现全流通。在这种环境下，如果"壳"公司的股权结构相对分散，企业通过收购相对少的股份就可以达到相对控股的目的，所耗费的成本也相对少一些。

④股本规模。出于降低成本的考虑，企业应该选择股本规模较小的"壳"公司，因为如果"壳"公司规模过大，将直接导致需要收购更多的股份才能达到控股的目的，收购成本将会提高。

⑤股票价格。直接影响收购成本的另一个因素是股票价格。高的"壳"公司股票价格将直接增加收购成本，因此企业应选择股票价格适当的"壳"公司。

⑥资产质量。企业应尽量选择资产变现能力强、资产专用程度性低的"壳"公司。

⑦债务较少。虽然有些"壳"公司的资产庞大，但大部分为债务融资，收购这类"壳"公司的直接后果是企业要接管庞大的负债，这无疑是一个沉重的负担。所以，企业要选择负债比例尽量小的"壳"公司。

⑧人员状况。在收购完成后，人员的安排是收购方和被收购方能否实现协调的关键因素，因此在选择"壳"公司时，企业应尽量选择人员结构简单、人员素质较高的公司。

【总结】上市的方式有直接上市和间接上市两种，其中直接上市又分为境内直接上市和境外造"壳"上市（也称红筹上市），间接上市则主要是指买"壳"上市。在选择上市方式时，企业应重点关注上市成本和上市地的法律与政策两个因素。

## 四、以什么价格上市

企业成功上市的最后一个关键问题就是如何获得好的发行价格。这个问题很重要，也是总经理们非常关心的，因为它与上市的融资目的直接相关。

**案 例**

"20年前的小会计，今天的女首富。她点石成金，将废纸变成森林。她用自然法则告诉人们：绿色财富，循环不息。"这是玖龙纸业的张茵当选2006年度CCTV中国经济年度人物时的颁奖词。

张茵在低利润率造纸行业创造出了高利润率，使玖龙纸业的上市成为全球第二大纸业公司IPO项目，她也因此成为了2006年内地胡润富豪榜的首富。如果富豪出在房地产、金融和IT界，不是一件奇怪的事，因为这些行业的高利润是公认的。而在大家眼里，造纸是一个传统行业，并有统计显示，2006年1~5月，全国造纸企业7000多家，亏损的超过1500家，全行业的销售利润率仅为4.47%，但是张茵的玖龙其净利润率却为17%。正是这高利润率，让她的公司在上市时获得了高定价。事实上，玖龙纸业的主要利润来源于张茵对包装纸市场的准确定位和包装纸原料产业链的构建。

【分析】从案例中可以看出，为了能够上市并获得高的发行价格，提高企业的利润率是非常重要的一个方面。总经理们要想了解利润率在IPO

中对发行价格的影响，就必须先了解 IPO 的定价过程，从而知道自己的企业应如何才能获得更好的发行价格和尽可能地增加融资额度。

## 1. IPO 如何定价

从 2004 年开始，我国的新股定价开始采用询价制。在询价制下，新股价格的确定一般分为两步：

### （1）用模型对即将 IPO 的股票价格进行估值

估值的主要目的在于为股票定价提供基础。国际上较为常用的估值模型有现金流贴现模型和可比公司市盈率模型。

①现金流量贴现模型。其公式如下：

$$V = \sum_{i=0}^{\infty} \frac{CF_i}{(1+r)^i}$$

式中：

$V$ 是企业价值；

$CF_i$ 是第 $i$ 期企业现金流量；

$r$ 是折现率。

在实践中，未来期间的现金流估计和贴现率的确定是现金流贴现模型的两个关键要素。现金流由三个部分组成，分别为经营现金流、资本性支出和净营运资本增加。其简化的计算公式分别为：

现金流 = 经营现金流 – 资本性支出 – 净营运资本增加

经营现金流 = 销售收入 – 付现成本 – 所得税

　　　　　 = 净利润 + 折旧

资本性支出 = 出售固定资产的现金流入 – 购买固定资产的现金流出

净营运资本增加 = 营运资金的投入变动

　　　　　　　 =（流动资产 – 流动负债）$_{期末}$ –（流动资产 – 流动负债）$_{期初}$

我们通过下述案例对现金流的计算作进一步说明。

## 案 例

W企业购买了一台固定资产,该固定资产的初始投资为20万元,固定资产分5年折旧,没有残值。在5年中,每年的销售收入为15万元,每年的付现成本为8万元。除此之外,在第一年,该企业还需为固定资产的运用垫付2万元的营运资金,这笔营运资金将在第5年末收回。假设该企业的所得税税率为40%,那么现金流计算如表2-1所示。

表2-1 现金流计算　　　　单位:万元

| 年份 | 0 | 1 | 2 | 3 | 4 | 5 |
| --- | --- | --- | --- | --- | --- | --- |
| 销售收入 |  | 15 | 15 | 15 | 15 | 15 |
| 付现成本 |  | 8 | 8 | 8 | 8 | 8 |
| 折旧 |  | 4 | 4 | 4 | 4 | 4 |
| 税前利润 |  | 3 | 3 | 3 | 3 | 3 |
| 所得税 |  | 1.2 | 1.2 | 1.2 | 1.2 | 1.2 |
| 净利润 |  | 1.8 | 1.8 | 1.8 | 1.8 | 1.8 |
| 经营现金流 |  | 5.8 | 5.8 | 5.8 | 5.8 | 5.8 |
| 固定资产投资 | -20 |  |  |  |  |  |
| 净营运资本变动 | -2 |  |  |  |  | 2 |
| 现金流 | -22 | 5.8 | 5.8 | 5.8 | 5.8 | 7.8 |

在对一个企业进行估值的时候,我们一般先计算历史的现金流,然后再根据历史预计未来的现金流。因为企业的经营是一个永续的过程,因此用现金流贴现估计企业价值一般分不稳定成长和稳定成长两个阶段进行:

第一,明确不稳定成长的预测期间的现金流现值。在这个阶段,对企业成长性的预测很重要,因为这涉及现金流估计的准确与否。其次,对达到稳定期前的预测期长度的估计也很重要,这需要根据行业的发展状况与企业的竞争战略地位,估计企业将在多少年后进入一种均衡状态。国外一般会选择将10~15年作为预测期。

第二，估计预测期之后的现金流量现值，也就是连续价值。连续价值占企业价值的大部分，必须采取一些假设来简化明确预测期后的现金流量的预测过程，并作出高质量的估计。通常情况下，我们会假设连续期间的现金流量稳定、均衡。

贴现率是指企业资金提供者要求的收益率，它与企业的风险密切相关，企业风险越高，则资金提供者要求的收益率应越高，那么贴现率也应越高。

②可比市盈率模型。在实际操作中，可比市盈率模型也被经常采用。其基本公式如下：

$$股票发行基准价 = 发行市盈率 \times 每股净利润$$

式中：

发行市盈率可以是相似企业的市盈率水平，也可以是行业的平均市盈率水平；

每股净利润是指 IPO 企业的每股净利润水平。

我们同样以下面的这个简单案例来说明可比市盈率模型的使用。

### 案 例

M 企业欲进行 IPO，现采用可比市盈率模型估计其内在价值。假设股票市场上相同行业企业的平均市盈率水平是 25 倍，M 企业 IPO 前的每股净利润是 1 元/股，则可据此估计该企业的股票价格为：

股票发行基准价 = 发行市盈率 × 每股净利润

$$= 25 \times 1 \text{ 元/股}$$

$$= 25 \text{ 元/股}$$

**（2）询价和竞价以获得发行股票市场价格**

这个过程一般由发行人、承销商、主要的机构投资者共同完成。发行人和承销商以在上一个阶段中估计出的企业内在价值为基础，向机构投资者、散户询价并推介，在获得他们对企业定价的信息后，不断修正定价，最后根据累计订单确定最终的发行价格。这一过程的最终目标是使价格的确定尽可能市场化。一般情况下，它须由如下三个环节构成：

①路演推介。主要是让有意愿投资企业的投资者更充分地了解企业的信息。

②向机构投资者和散户询价。获得对企业股票的需求信息后，修正股票价格，确定股票价格发行区间。

③竞价申购。由承销机构承销后确定低价，由投资者竞价产生发行价。

有关路演定价、发行和承销的内容将在后面的章节详细介绍。

## 2. 如何获得IPO的高价格

了解了IPO的定价过程后，紧跟其后的问题就是你的企业该怎么做才能获得更高的IPO价格，以获得更多的融资。这时，总经理们应该重点关注以下几个方面：

第一，正如玖龙纸业的张茵所做的，总经理们要尽量提高企业的利润水平。无论是采用现金流贴现的定价模型进行估值，还是采用可比市盈率模型进行估值，企业的利润是IPO定价的重要影响因素。企业的利润越高，现金流水平越高，IPO定价就越高。

第二，企业的业务结构、资产结构、资本结构以及债务结构不仅会影响到利润水平，而且也会影响到市场对企业的预期。因此在IPO前，在承销商和其他中介机构的帮助下，你的企业应适当重组，以调整业务结构、资产结构、资本结构以及债务结构。在这些调整中，业务结构的调整是最重要的，因为它更有利于形成核心竞争力，并且它决定了资产结构的调整，也能影响到资本结构和债务结构的调整。

第三，良好的公司治理能够向市场传递企业规范经营的信号和决心，能提高市场对企业的预期，最终提高IPO定价。记住，良好的公司治理包括：合理的股权结构、独立的董事会、有效的高管激励机制以及透明的信息披露。

【总结】为了获得更高的IPO定价，总经理们需要做到以下两点：

第一,了解IPO定价的基本原理。

第二,根据定价原理适当重组企业业务,调整资产和负债,加强公司治理,以提高利润率和市场的价格预期,最终达到提高IPO价格的目的。

# 第三章
# 上市前该准备些什么

你将在本章学到：
- IPO 的相关制度
- 创业板和中小板的详细上市要求
- 如何进行筹备阶段的工作协调

关键词：发行制度　上市要求　筹备工作

在充分进行了上市论证，并把握了上市的几个关键问题之后，接下来就是企业上市的实战环节。实战环节是从上市筹备开始的。只有运筹帷幄，企业才能立于不败之地，因此上市筹备工作不容忽视。上市筹备工作包括对IPO相关制度的了解和工作的整体统筹两部分内容。

# 一、了解 IPO 相关制度

**案 例**

2009年10月16日,华谊兄弟的创业板上市获得了69.71倍的高市盈率水平,使王中军和王中磊两兄弟直接跨入富豪行列。事实上,兄弟二人的财富能够达到这么高的水平,得益于他们对于 IPO 相关制度的了解。

华谊兄弟从2006年开始频推大片,《夜宴》、《功夫》、《集结号》、《功夫之王》等动辄耗资上亿的大片赚足了人们的眼球。有分析人士认为,华谊兄弟这种超常规的跨越式发展,除了缘于经营思路的变化,更重要的是为上市作铺垫。华谊兄弟已聘请中信建投作为上市保荐人和主承销商,有关的律师、会计师等也已常驻公司展开调查。

2007年,国内的一些民营娱乐公司大都选择到境外上市:5月3日,橡果国际在美国纽约证券交易所挂牌交易;11月1日,橙天娱乐借"壳"嘉禾娱乐,在香港联交所成功上市。但是,华谊兄弟并未追赶这波境外上市的潮流。谈到原因,财务总监胡明坦言,从财务数据上看,华谊兄弟完全达到了发行上市的条件,但由于公司规模相对较小,赢利模式也很新,在主板上市比较困难。

2008年3月24日,《创业板规则征求意见稿》刚发布,深交所便组织13家企业召开了座谈会,而华谊兄弟是其中最为有名的一家。有市场传言,华谊兄弟可能选择在即将推出的创业板上市。但王中军在接受记者采访时表示,公司并未决定在创业板上市,相对成熟的中小板仍是上市首选。说到原因,他说:"如果创业板也采取和主板、中小板一样的定价规则(目前最高市盈率为30倍),很难吸引那些优质的、颇具成长性的公司。"

但是继红日药业、大禹节水等公司之后,华谊兄弟最终还是选择了在创业板上市。上市交易1年多后,华谊兄弟仍然保持了60倍的市盈率水平,使得王家两兄弟的财富得以为继。

**【分析】**由此可见，总经理为了使公司获得更多的融资，在上市的过程中了解 IPO 的相关制度是非常重要的，因为 IPO 相关制度直接关系到上市成功与否，与上市之路是否顺畅紧密相关。下面我们重点介绍股票发行制度、中小板和创业板的上市要求。

## 1. 股票发行制度

股票发行制度直接关系到企业在上市过程中的工作重心和风险。纵观历史，我国的股票发行制度经历了三个不同的阶段：审批制、核准制和保荐人制。

（1）审批制

审批制在我国历时 10 年，从 1991 年一直沿用至 2000 年。审批制是完全计划发行的模式，实行"额度控制"，即拟发行企业在申请公开发行股票时，要征得地方政府或中央企业主管部门同意后，再向所属证券管理部门提出发行股票的申请。经证券管理部门受理审核同意转报中国证监会核准发行额度后，企业可提出上市申请，经审核、复审，由证监会出具批准发行的有关文件后，方可发行。

在这种制度之下，从申请到审批需要很长的时间，甚至很多企业在经过了长期的等待之后，等到的却是被拒之门外的结局。而且，地方政府很大程度上决定了当地拟上市的企业名单。在地方政府的影响下，首先提出上市申请的大都是那些大型国有企业，民营企业的机会很少。

（2）核准制

与审批制相比，核准制在效率上有了一定的改进，它见证了从 2001 年到 2004 年这 4 年的 IPO。核准制是指发行人在发行股票时，不需要各级政府批准，只要符合《证券法》和《公司法》的要求即可申请上市，但是发行人要充分公开企业的真实状况，证券主管机关有权否决不符合规定条件的股票发行申请。核准制的核心内容是通道制，即每年授予券商一定的股票发行数目。通道的分配根据证券公司上一年度的承销家数而定：上年度主承销家数 10 家及以上的可获 8 条通道；5 家及以上、10

家以下的，可获6条通道；1家及以上、5家以下的，可获4条通道；未承销业务的，可获2条通道。

因此，在这种制度下，审批程序虽然得到了一些简化，但是由于推荐上市的企业有限，券商的收费一般跟所推荐上市的企业有关，因此在利润的驱动下，券商必然优先考虑规模大的企业，中小企业受到青睐的可能性很小。而且，券商只对上市负责，有些企业在上市时过度包装，上市后却频频"变脸"，对投资者的利益造成了重大的损害。因此，证券监管机构决定对股票发行制度作进一步改革，以增加上市之后的企业质量。

**（3）保荐人制**

从2005年开始，我国IPO开始采用保荐人制。保荐人制是为了避免企业虚假上市、包装上市，把中介机构和上市企业紧紧捆在一起的一种股票发行制度。企业上市要由保荐人（主承销商）推荐担保。上市以后，保荐人（主承销商）也要负持续督导责任。如果出现上市企业造假上市，或在上市后就出现亏损等情况，根据规定，保荐人（主承销商）可能受到停办承销业务或被除名的处罚。

具体而言，保荐人制度包括如下几部分内容。

①保荐企业上市。具体要求有：

第一，勤勉尽责地为被保荐人提供股票发行上市的专业指导意见。

第二，核查被保荐人的基本情况，确保其具备相关法律、法规、规范性文件规定的发行上市条件。

第三，指导被保荐人按照规范要求制作股票发行上市申请文件，对股票发行上市申请文件的真实性、准确性、完整性承担连带责任。

第四，指导被保荐人建立规范的法人治理结构。

第五，确认被保荐人的全体董事具备担任董事所需的专业技能及经验，并确保全体董事充分了解其作为上市企业董事应遵循的法律、法规及相关责任。

第六，代表被保荐人报送发行上市申请文件并负责与监管部门和交易所进行沟通。

②上市后信息披露的保荐。企业上市后，保荐人（主承销商）通常在2年内要持续履行下列信息披露保荐责任：

第一，继续为被保荐人提供持续遵守相关法律、法规及交易所上市规则的专业指导意见并指导其规范运作。

第二，督促被保荐人严格履行公开披露业务发展、募集资金使用及其他各项信息的义务。

第三，认真审核被保荐人所拟公告的所有公开披露文件，督促并指导被保荐人按照法规，真实、准确、完整、及时地披露信息。

第四，对被保荐人公开披露文件的真实性、准确性、完整性有疑义时，应当向被保荐人指出并进行核实；发现重大问题时，及时向证券监管部门和交易所报告。

第五，代表申请人与证券监管部门、交易所进行沟通，参加被保荐人与证券监管部门和交易所进行的所有正式会谈。

第六，企业上市后，就被保荐人业绩状况、发展前景、市场表现等发表财务分析报告，为投资者决策提供参考意见。

保荐人制度的核心是保荐代表人的人数，保荐代表人的人数越多，上市的项目也就越多。证券监管机构正是试图通过控制保荐代表人的人数来控制IPO的节奏。保荐代表人资格必须通过保荐代表人资格考试获得，一般情况下，保荐代表人资格考试的通过率只有5%左右。

但是自实施以来，这种制度就存在一些问题，比如，只有保荐代表人才能在IPO项目上签字，而很低的通过率使得保荐代表人资格成为一种稀缺资源和各券商竞相争取的对象，这无疑增加了券商的成本。保荐代表人是保荐人（主承销商）聘请的具有专业资格的人员，目前的保荐制度过分强化了保荐代表人的权力。由于保荐代表人的稀缺，他在与保荐人（主承销商）的谈判中具有很强的谈判能力，可以随意更换保荐人（主承销商），所以保荐人（主承销商）事实上无法对保荐代表人形成有效的约束。迄今为止，三个月暂停执业是保荐代表人受到的最大处罚，即使在很多重大的IPO"变脸"项目，如德豪润达IPO后业绩频繁变脸、中捷股份的实际控制人非法占用企业资金而触犯刑法等项目中,保荐代表人都没有承担更大的责任,这导致对保荐代表人行为的约束不足。

在目前的制度下,保荐人(主承销商)将全程参与企业的IPO,故聘请一个合适的保荐人(主承销商)将大大增加企业IPO的效率和成功率。在前文案例中,华谊兄弟在刚决定上市时就聘请中信建投作为保荐人(主承销商),这对于它的成功上市起到了很大的促进作用。对于保荐人(主承销商)的选择,我们将在第四章详细论述。

## 2. 中小板和创业板的上市要求

在华谊兄弟的案例中,我们看到,成功上市一定是建立在对上市要求了然于胸的情况下,因为只有了解了上市要求,我们才能知道自己的不足和努力的方向。因此,在认识了股票发行制度以后,我们还要重点了解各个板块的上市要求。因为中小企业一般情况下会选择在中小板或创业板上市,所以在此重点介绍这两个板块的上市要求。

通过对《公司法》、《证券法》、《股票交易暂行条例》、《首次公开发行股票并上市管理办法》、《发审委关于IPO审核工作指导意见》等相关法规条例的归纳,表3-1总结出了中小板的上市要求。

表3-1 中小板上市的要求

| 项目 | 具体要求 |
| --- | --- |
| 股本规模 | 发行前股本总额不少于3000万元。 |
| 股东人数 | 公开募集公司股东数应多于200人。 |
| 股权结构(公众认购比例,发起人持股比例) | 公开发行的股份达到公司股份总数的25%以上。公司股本总额超过4亿元的,公开发行股份的比例为10%以上。发行人认购的部分应不少于股本总额的35%。 |
| 赢利能力 | 最近3个会计年度净利润均为正数且累计超过3000万元,净利润以扣除非经常性损益前后较低者为计算依据。最近3个会计年度经营活动产生的现金流量净额累计超过人民币5000万元,或者最近3个会计年度营业收入累计超过人民币3亿元。最近一期末不存在未弥补亏损。 |

续表

| 项目 | 具体要求 |
|---|---|
| 资产状况 | 发行人的资产完整,最近一期末无形资产(扣除土地使用权、水面养殖权和采矿权等后)占净资产的比例不高于20%。 |
| 持续经营能力 | 发行人自股份有限公司成立后,持续经营时间应当在3年以上。 |
| 会计工作 | 发行人的财务独立,且最近3年内财务会计文件无虚假记载。 |
| 内部控制 | 所有重大方面是有效的,注册会计师出具了无保留结论的内部控制鉴证报告。 |
| 业务 | 发行人的生产经营符合法律、行政法规和公司章程的规定,符合国家产业政策。发行人应当具有完整的业务体系和直接面向市场独立经营的能力。发行人的业务独立,不存在重大关联交易,与控股固定及其所属企业不存在严重的同业竞争。 |
| 管理层和股东 | 发行人最近3年内主营业务和董事、高级管理人员没有发生重大变化,发行人的董事、监事和高级管理人员符合法律、行政法规和规章规定的任职资格。 |
| 公司治理 | 发行人最近3年内实际控制人没有发生变更。发行人的股权清晰,控股股东和受控股股东、实际控制人支配的股东持有的发行人股份不存在重大权属纠纷,公司治理结构完整。 |
| 组织结构 | 发行人的人员独立,发行人的机构独立。 |
| 重大违规事项 | 最近3年内不存在对公司未来产生影响的违法违规行为,也不存在重大诉讼、仲裁、股权纠纷或潜在纠纷,且股权转让及增资、减资等行为合法,符合法定程序。 |

表3-2归纳了《创业板企业发行上市条例》和《首次公开发行股票在创业板上市管理办法》的相关规定。

表3-2 创业板上市要求

| 项目 | 具体要求 |
|---|---|
| 股本规模 | 发行后股本总额不少于3000万元。 |
| 股东人数 | 持有股票面值达1000元以上的股东人数不少于200人。 |

续表

| 项目 | 具体要求 |
| --- | --- |
| 股权结构（公众认购比例，发起人持股比例） | 社会公众持有的股份达公司股份总数的15%以上。 |
| 赢利能力 | 最近2年连续赢利，最近2年净利润累计不少于1000万元，且持续增长，或者最近1年赢利，且净利润不少于500万元，最近1年营业收入不少于5000万元，最近2年营业收入增长率均不低于30%。净利润以扣除非经常性损益前后孰低者为计算依据。发行前净资产不少于2000万元，最近一期末不存在未弥补亏损。发行人应当具有持续赢利能力，且不存在重大偿债风险。 |
| 资产状况 | 发行人资产完整。 |
| 持续经营能力 | 发行人是依法设立且持续经营3年以上的股份有限公司。有限责任公司按原账面净资产值折股整体变更为股份有限公司的，持续经营时间可以从有限责任公司成立之日起计算。 |
| 会计工作 | 财务独立。发行人会计基础工作规范，财务报表的编制符合企业会计准则和相关会计制度的规定，在所有重大方面公允地反映了发行人的财务状况、经营成果和现金流量，并由注册会计师出具无保留意见的审计报告。 |
| 内部控制 | 发行人内部控制制度健全且被有效执行，能够合理保证公司财务报告的可靠性、生产经营的合法性、营运的效率与效果，并由注册会计师出具无保留结论的内部控制鉴证报告。 |
| 资金管理 | 发行人具有严格的资金管理制度，不存在资金被控股股东、实际控制人及其控制的其他企业以借款、代偿债务、代垫款项或者其他方式占用的情形。 |
| 担保 | 发行人的公司章程已明确对外担保的审批权限和审议程序，不存在为控股股东、实际控制人及其控制的其他企业进行违规担保的情形。 |

续表

| 项目 | 具体要求 |
| --- | --- |
| 业务 | 发行人应当主要经营一种业务,其生产经营活动符合法律、行政法规和公司章程的规定,符合国家产业政策及环境保护政策。发行人最近2年内主营业务没有发生重大变更。业务独立,具有完整的业务体系,与控股股东、实际控制人及其控制的其他企业间不存在同业竞争及严重影响公司独立性或者显失公允的关联交易。 |
| 管理层和股东 | 发行人的董事、监事和高级管理人员了解股票发行上市相关法律法规,知悉上市公司及其董事、监事和高级管理人员的法定义务与责任。发行人的董事、监事和高级管理人员符合法律、行政法规和规章规定的任职资格。 |
| 公司治理 | 发行人最近2年内高级管理人员均没有发生重大变化,实际控制人没有发生变更。发行人的股权清晰,控股股东和受控股股东、实际控制人支配的股东所持发行人的股份不存在重大权属纠纷。发行人具有完善的公司治理结构,依法建立健全股东大会、董事会、监事会以及独立董事、董事会秘书、审计委员会制度,相关机构和人员能够依法履行职责。 |
| 组织结构 | 人员独立,机构独立。 |
| 重大违规事项 | 符合《证券法》、《公司法》相关规定,不存在影响持续经营的担保、诉讼以及仲裁等的重大事项。发行人最近3年内不存在损害投资者合法权益和社会公共利益的重大违法行为。 |

通过对比,我们可以发现中小板和创业板的上市要求主要存在如下差距:

第一,中小板上市对企业赢利水平、收入水平、现金流水平和资产水平的要求更高。

第二,创业板对企业成长性的要求更高。

第三,创业板对企业治理结构的完整和有效性、内部控制、资金管理和担保的要求更严格。

【总结】在本节,我们介绍了股票发行制度、中小板和创业板的上市要求，其主要内容为：

第一，我国目前采用的股票发行制度是保荐人制度。在该制度下，保荐人（主承销商）和保荐代表人是 IPO 的核心力量，因此，选择合适的保荐人（主承销商）和保荐代表人是 IPO 成功的第一步。

第二，满足不同板块的上市要求是成功上市的硬件，因此了解不同板块的上市要求可以帮助总经理认清企业的不足，并树立未来的努力方向。比较而言，创业板对企业的赢利、营业收入、现金流和资产水平的要求更低，对企业成长性的要求更高，对公司治理、内部控制、资金管理、担保的要求更严格。

## 二、做好工作的整体统筹

**案 例**

在张家界、峨眉山、黄山旅游等旅游资源类企业纷纷上市以后，坐拥三项顶级国际桂冠的九寨沟也跃跃欲试。但上市绝非简单的过程，而是一场拉锯战，需要经过长时间的艰苦筹备，每一个细节都不容忽视，九寨沟也不例外。

从 2000 年开始，九寨沟便开始紧锣密鼓地筹备上市：2000 年 5 月，公开招标主承销商，大鹏证券中标；2000 年 12 月，阿坝州成立了由副州长领军的"九寨沟上市公司筹备委员会"；2001 年 3 月 7 日，四川九寨沟旅游股份有限公司注册成立；2001 年 4 月 11 日，九寨沟进入辅导监管程序。

【分析】尽管最后九寨沟上市失败了，但是其做法仍然能给我们以启发：工作的整体统筹和前期的筹备工作在上市过程中必不可少。因此，在进入正式的上市程序之前，总经理们必须先理清上市的工作要点，然后设立上市筹备小组（筹备委员会），进行各项工作的统筹协调。

## 1. 理清工作要点

一般情况下，企业上市需要进行如下工作：

### （1）聘请中介机构

上市过程中主要涉及的中介机构包括：保荐人（主承销商）、会计师事务所、律师事务所和资产评估事务所。在第四章里，我们会详细讨论每一个中介机构的具体职能和如何选择合适的中介机构。

### （2）企业的股份制改组

这是上市筹备阶段最重要的过程，因为重组的结果将直接决定企业是否能够满足上市条件，以及是否能够获得一个好的 IPO 价格。这个阶段主要是在保荐人（主承销商）及其他中介的辅导下完成的。

### （3）上市申报材料制作

在这个过程中，企业与中介机构协同工作，编写需要报给证监会的发行监管部与股票发行审核委员会的材料。

## 2. 设立上市筹备小组

上述所有活动都是在上市筹备小组（筹备委员会）的领导下和协调下进行的。上市筹备小组由董事会秘书负责主持工作，其主要成员单位有：

### （1）财务部

配合上市过程中的财务工作。

### （2）法律部

配合律师的法务工作。

### （3）生产部、市场销售部和研究发展部

负责投资项目的立项报批工作和提供项目的可行性研究报告。

### （4）办公室和后勤部

主要负责其他工作的配合协调。

做好上市准备工作是上市实战阶段的第一步，也是非常关键的一步。在这个阶段，总经理应作好上市的知识准备，将上市的每一项工作梳理一遍，以方便整体统筹协调。在准备工作中，深入了解上市的相关要求是尤为重要的，很多企业的上市申请被否，正是因为某些方面没能满足硬性要求。此外，上市准备的任何一个细节的疏忽，都可能导致企业上市失败，神舟电脑的三次上市失败便为我们敲响了这方面的警钟。

### 案 例

神舟电脑创业板上市的铩羽而归深深震惊了资本市场，因为这已是神舟电脑第三次冲击上市，这次的失败很可能意味着神舟电脑将永远与资本市场无缘。事实上，这三次的失败都与神舟电脑上市筹备不足有关。

第一次上市失败：人事不稳定带来监管机构对经营稳定性的猜疑。早在2005年，神舟电脑控股公司新天下集团就计划赴港集资，额度为50亿港元，但最终搁浅。这次失败的主要原因在于公司人事频繁发生变动。

第二次上市失败：企业成长性不足。神舟电脑的第二次上市尝试发生在2008年初，其目的市场是深圳中小板上市。但是，那年的上市名单中仍不见神舟电脑。这次失败的主要原因在于，神舟电脑主营的PC业务存在着剧烈的竞争，利润较薄，受外界的影响很大，如当年发生的席卷全球的金融危机便对其造成了重大影响，致使其大量裁员。

第三次上市失败：成长性不足和一股独大。在第三度冲关时，吴海军选择了创业板，但是他又失败了。失败的主要原因有两点：一是，该企业2009年和2010年净利润分别为2.27亿元和2.58亿元，净利润的成长性不足；二是，通过新天下集团及其他企业，吴海军持有神舟电脑未发行新股前88.62%的股权，此外他还直接持有神舟电脑4.12%的股权，换言之，在未发行新股前，吴海军合计控股92.74%，而神舟电脑当时拟计划发行8100万股，仅占发行后总股本8.1亿股的10%，所以神舟电脑即使发行新股，吴海军持股比例仍高达83.47%，仍处于绝对控股地位。

【分析】神舟电脑始创于2001年，靠低价经营策略，吴海军将其由一家生产廉价PC的小企业发展成2006年营收达到60亿元的行业翘楚。

实际上，这次神舟电脑冲击创业板上市，被很多的业内人士认为是"降低身段"，因为神舟电脑的规模决定了它至少应该尝试中小板，而且其自身也逐渐步入成熟期。无论从行业地位，还是从近年的业绩来看，神舟电脑在创业板上市应该是绰绰有余的。所以，神舟电脑上市被否完全出乎了大家的意料。

但是，神舟电脑上市被否，又是合情合理且合法的，因为神舟电脑虽然已是三次冲击上市，但是它对创业板上市的规则和要求仍然理解不够透彻，换言之，神舟电脑的上市筹备仍然不够充分。这主要体现在两个方面：

第一，对成长性的判断不足。

如前所述，创业板尽管降低了对企业上市的业绩要求，但却更强调业绩的持续成长。2009年，神舟电脑的营业收入与净利润分别同比增长22%和23%，但2010年，其营业收入46.24亿元，同比增长7.53%，实现净利润2.58亿元，同比增长13.16%。因此，虽然净利润远高于创业板的最低要求，但2010年神舟电脑的营业收入和净利润增幅均低于2009年，这与创业板上市对业绩的持续成长的要求相悖。

第二，公司治理结构不完善。

案例显示，即使是发行后，创始人吴海军持股比例仍高达83.47%，处于绝对的控股地位。但是，创业板上市更强调企业的管理，特别是公司治理结构的完善，以便于对创始人股东的行为进行制衡，从而保护中小股东的利益。但神舟电脑在其《招股说明书（申报稿）》中披露："如本企业无法有效做到股东大会、董事会、监事会和管理者之间相互促进、相互制衡，则存在大股东侵害企业及中小股东利益的风险。"这恰恰反映了，神舟电脑对创业板上市规则中关于公司治理的要求认识不深刻。

【总结】神舟电脑第三次上市失败的案例告诉我们，对于相关IPO制度的理解，不应只限于规定表面，而应透过形式上的规定，深入到要求的实质。总经理们应细致分析每个板块的实质，把握其主旨，这样才能立于不败之地，才能成功上市。总经理们需要记住两点：

第一，创业板上市，更强调企业的持续成长能力，这包括业绩的成长性、公司治理、内部控制、资金管理和担保管理等。

第二，中小板上市，更强调企业发展的稳定性和业绩的成熟性。

# 第四章
## 如何选择合适的中介机构

**你将在本章学到：**
- 四大中介机构的职能
- 如何选择合适的中介机构

关键词：保荐人（主承销商）　会计师事务所　律师事务所　资产评估机构

企业上市是一项联系广泛又非常专业的工作，只有在各类专业人士长期的通力合作之下才能顺利完成。中介是上市团队的中坚力量，其水平的高低关系到企业能否顺利完成股份制改组和正常进入上市发行通道。因此，总经理必须了解上市团队中各中介机构的职能，并在此基础上选择最适合自己企业的中介机构。

# 一、保荐人（主承销商）的选择

上市是一项系统工程，而在这项工程中，中介机构的作用是无可替代的。为了更直观地弄清各中介之间的联系，我们用图 4-1 将其表述了出来。

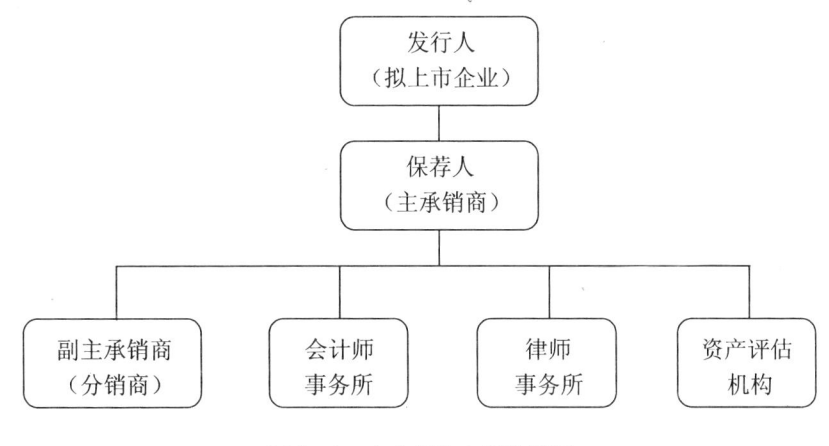

**图 4-1　中介机构之间的联系**

保荐人（主承销商）、会计师事务所、律师事务所和资产评估机构成了 IPO 的四大中介。从图 4-1 可以看出，保荐人（主承销商），俗称券商，在四大中介中位于核心的地位，在其领导之下，各中介机构相互配合。保荐人（主承销商）与上市成功与否直接相关，因此对保荐人（主承销商）的选择是总经理们不得不投入时间和精力认真考虑的问题。为了能够选择最适合自己企业的保荐人（主承销商），总经理们需要先了解保荐人（主承销商）在 IPO 过程中的重要性。

## 1. 保荐人（主承销商）的职责

据统计，自创业板推出以来，截至 2010 年 10 月 19 日，共有 37 家企业未能通过证监会发审委审核，被挡在了创业板的大门之外。

一般而言，上市申请被拒绝与企业自身的缺陷和保荐人（主承销商）的工作不尽责有着较大关系，而保荐人（主承销商）对 IPO 全程负责，更是难辞其咎。我们不妨以 2010 年 7 月到 2010 年 10 月之间被否的 4 家企业为例，对它们的保荐人（主承销商）作一个简单的分析。

四家公司的保荐人（主承销商）分别是东吴证券、海通证券、国信证券和东兴证券。如果再考虑之前的创业板保荐记录，这四家保荐人（主承销商）中，国信证券已有两次失败的记录，其他 3 家则属于首次"上榜"。

保荐人（主承销商）保荐失利的原因主要在于疏忽大意和准备不足等。监管机构对于上市的规定非常明确，所以企业的条件是否达标应该很容易发现，而且影响"过会"的原因基本上集中在持续赢利能力不足、关联交易、信息披露不完整或不准确、股权瑕疵、募集资金投向等方面，这些都应该是保荐人（主承销商）关注的重点。但是，有些保荐人（主承销商）存在侥幸心理，麻痹大意，故意睁一只眼闭一只眼。这种不负责任的行为，最终耽误了别人，也害了自己。而造成保荐人（主承销商）如此行为的深层次原因则在于，目前市场上保荐代表人的短缺。

所以，保荐人（主承销商）的选择在很大程度上决定了企业上市成功的可能性。那么，在 IPO 过程中，保荐人（主承销商）的职责是什么呢？

**（1）在股份制改组阶段**

①制订股份公司改制方案。

②对股份公司设立股本总额、股权结构、招股筹资、配售新股及制订发行方案等进行操作指导和业务服务。

③按照证监会的规定对发行人进行辅导，包括督促其完善公司治理结构，形成健全的财务会计管理体系。

**（2）发行股票和上市过程中**

①推荐具有证券从业资格的其他中介机构，协调各方的业务关系、工作步骤及工作结果，充当公司改制及股票发行上市全过程的总策划与

总协调人。

②与发行人就有关发行方式、日期、发行价格、发行费用等进行磋商,达成一致。

③在对发行人及其发起人、大股东、实际控制人进行尽职调查、审慎核查之后,根据发行人的委托,起草、汇总和报送全套发行上市的申报材料,并向证监会出具保荐意见。

④组织承销团,并承担A股发行上市的组织工作,筹划、组织和召开承销会议。

⑤协助发行人申报有关法律方面的手续。

⑥向认购人交付股票并清算价款。

⑦做好发行人的宣传工作,促进股票在二级市场的流动性。

**(3)在IPO之后阶段**

①持续督导发行人规范运作。

②履行信息披露义务。

由此可见,保荐人(主承销商)的服务贯穿于从改制到上市的全部过程,它不仅起着统筹、协调其他中介机构的作用,而且对发行人也起一定的约束和督导作用。从某种意义上讲,企业上市的失败,就是保荐人(主承销商)的失败。

## 2. 如何选择保荐人(主承销商)

**案例**

2009年,主板和中小板IPO重启,创业板IPO揭幕,这导致了保荐人(主承销商)的投行业务竞争白热化。但与以往不同的是,在此轮竞争中,一些外资券商、老牌券商落败了,而一些小型券商却异军突起。

WIND数据统计显示:中国国际金融有限公司(以下简称中金)、中信证券虽然分别以10.97亿元和6.74亿元的收入毫无悬念地占据了IPO保荐承销收入的前两名位置;紧随其后的是平安、国信、招商这些中小型券商,它们凭借对创业板项目的前期积累,以3~4亿元的收入占据了IPO保荐承销的第二梯队；本应引领风骚的银河、申银万国、国泰君安等老牌券商以及瑞银、高盛高华等外资券商则是节节败退，国泰君安甚至在 IPO 项目中颗粒未收。

尽管中金仍然稳坐保荐承销的头把交椅，但相比 2007 年 IPO 上市潮时，其 IPO 保荐承销总收入的占比从 24.57% 下降到了 20.64%，而排名第二位的中信证券 IPO 保荐承销总收入的占比从 16.66% 下降到了 12.69%。老牌券商银河证券仅保荐承销了 2008 年"过会"后遗留下来的四川成渝的 IPO 项目，而申银万国则仅仅拿下两家创业板与一家中小板的 IPO 项目，最惨的是国泰君安，其 IPO 项目为零。于是，有不少业内人士惊叹："廉颇老矣。"而外资投行方面，如瑞银证券与高盛高华，也遭遇了 A 股 IPO 滑铁卢，分别从 2007 年的第三位、第六位滑落至了第十一位、第十四位，这主要是源于瑞银、高盛高华这些券商一贯以高端大项目见长，而在中小项目上的前期积累不足。异军突起的平安、国信、招商三家券商 IPO 保荐承销总收入的比重却从 2007 年的 6.63% 急剧攀升到 20%。

【分析】从案例中我们发现，对于中小企业而言，保荐人（主承销商）并不是规模越大越好，名声越高越好，越是外资越好，而是要选择适合自己的。那么，在选择保荐人（主承销商）时，总经理们应该注意哪些问题呢？

(1) **相关项目经验**

总经理们要重点考察保荐人（主承销商）过去一段时间内承销类似企业的家数、金额以及行业内的排名等。在选择保荐人（主承销商）时，这是非常关键的一条。正如案例中所显示的，在创业板 IPO 中，更多的中小企业选择了相对专注于中小企业的不知名券商，而很少选择老牌券商。

此外，除了要考虑保荐人（主承销商）对所保荐企业规模的专注外，总经理们也要适当考虑保荐人（主承销商）在行业方面的造诣，因为隔行如隔山，保荐人（主承销商）不可能拥有对所有行业都精通的人才。

(2) **社会资源及其协调能力**

受传统儒家文化的影响，地缘和亲缘在人际交往中显得非常重要，在某些情况下,"关系"的重要性甚至超过了"能力"。而同时,满足上市条件的企业非常之多,但最终能够"过会"获得 IPO 资格的却是凤毛麟角。因此,在条件相当的情况下,保荐人(主承销商)的社会资源及其协调能力就显得非常重要了。凭借优越的社会资源,他们可以打通上市的通道;凭借出色的协调能力,他们可以拉到其他能力卓越的会计师事务所、律师事务所等中介:这都将增加 IPO 成功的可能性。

(3) **历史违规记录**

除了关注正面的指标外,看看保荐人(主承销商)的历史违规记录也是非常重要的。为什么呢?因为目前证监会对保荐人(主承销商)实行"以证券公司风险管理能力为基础,结合公司市场竞争力和持续合规状况"的分类管理,经营规范和业绩优良的券商将获得较大的政策支持。所以,从一定程度上来说,证监会对保荐人(主承销商)的印象直接决定了对其保荐的项目的印象,最终对企业能否成功获批 IPO 起到重要影响。

(4) **IPO 后的支持情况**

企业即使获得了上市资格,但上市后还会遇到很多问题,如怎么增加股票的流动性以降低再融资时的融资成本、如何做出更有利的信息披露等。有些保荐人(主承销商)在 IPO 后还能提供持续的融资和信息披露咨询服务,以帮助企业更好地经营。这项服务对于上市企业的发展而言是很重要的,因此总经理们也应将其作为选择保荐人(主承销商)的考虑因素之一。

(5) **收费标准**

保荐人(主承销商)的收费是 IPO 直接成本的最大一块。一般情况下,越是具有国际影响力、越是知名的保荐人(主承销商),其收费标准越高。像中信证券,多年来稳坐国内 IPO 的第二把交椅,其收费就比其他中小型券商要高,如其承销神舟泰岳的收费标准为 IPO 发行规模的 6.6%。

因此,总经理们在选择保荐人(主承销商)时,不应追逐名气,而应追求适合自己。

【总结】保荐人（主承销商）是最重要的中介，在所有中介当中居于领导地位，它全程参与 IPO，并在 IPO 后继续督导企业，为企业的融资和信息披露问题提供服务。特别是，从某种程度上来说，保荐人（主承销商）对于 IPO 成功与否起着决定作用。因此，总经理们在选择保荐人（主承销商）时应当慎之又慎。

## 二、会计师事务所的选择

会计师事务所是上市团队的财务官，在 IPO 过程中肩负着财务把关的重任，其重要性仅次于保荐人（主承销商）。财务与税收问题是 IPO 过程中最重要的，也是最引人关注的问题，是证监会发审委审批的重中之重。而事实也证明，很多企业 IPO 申请被否，问题就出在会计师事务所的选择上。

**案例**

继二六三（002467）和榕基软件（002474）分别成功登陆深交所后，2010 年 9 月 21 日，天健正信会计师事务有限公司（以下简称天健正信）9 月以来第三个成功上市的 IPO 项目——国内粉丝行业首家上市公司双塔食品（002481）在深交所挂牌交易。

天健正信尽管不是国内会计师事务所中规模最大的，但在代理审计 IPO 项目方面却是成功率最高的一家，其参与审计的 IPO 项目成功通过率高达 95.12%。

【分析】由此可见，会计师事务所的选择对企业上市是否成功也起着一定的作用，而对企业上市帮助最大的会计师事务所，未必就是那些规模大、知名度高的会计师事务所。那么，总经理们如何才能选对会计师事务所呢？这还需要从了解 IPO 过程中会计师事务所的职责开始。

## 1. 会计师事务所的职责

**（1）参与企业上市改组策划**

在明确企业的特点和改组意愿的基础上，会计师事务所将配合保荐人（主承销商）制订上市改制重组方案，充分发挥财务方面的专长，负责债务的清理、资产权限的明确以及未来重大投资项目和经营发展的规划。

**（2）协调 IPO 全过程**

中国已故的著名会计学家、财政部会计司前司长杨纪琬老先生曾经说过："会计什么都不管，却又什么都管。"怎么理解这句话呢？会计在表面上似乎不参与企业的经营管理，但是他通过把握企业的财务链，用财务信息将企业生产经营的各方面汇总起来，最终起到财务控制的作用。因此，会计工作并不是孤立的，会计也必须深入到生产、经营和管理的方方面面，在各个部门之间进行协调，以获得真实、完整的财务信息。

在上市过程中，会计师事务所的注册会计师将参与上市的各个过程和方面，与其他的上市团队成员紧密合作，互相沟通，及时解决 IPO 过程中可能遇到的各种问题。

**（3）帮助企业改组后的建账**

改组过程涉及资产评估结果的调整入账和持续经营期间经营成功的再分配等会计工作，这类工作虽然主要责任在于企业本身，但技术性较强，专业难度较高，一般要在会计师事务所的协助下进行。在这方面，会计师事务所的具体职责包括：

①检验各发起人的出资及资金到位情况，并出具验资报告。
②协助企业进行账目调整，使企业的财务处理符合规定。
③协助企业建立股份公司的财务会计制度和财务管理制度。

**（4）参与 IPO 财务审计、赢利预测及内部控制评价**

这是会计师事务所最重要的职责所在。这项职责又可细分为以下几个方面：

①负责审计企业近3年的财务状况和经营成果，并出具审计报告。

②负责审核赢利预测假设基准的合理性、基础数据的真实性、所采用的会计政策和与计算方法的一致性，并出具审计报告。

③为发行人出具内部控制审核报告，并根据证监会或者发行人的要求出具专项复核报告和鉴定意见。

④对企业财务管理及相关业务提出建议。

## 2. 如何选择会计师事务所

了解了会计事务所在IPO过程中的职责，那么接下来总经理们面临的问题就是如何选择会计师事务所？总经理们可从如下几方面进行衡量与选择：

**（1）是否具有证券从业资格**

会计师事务所应具有财政部、中国证监会认定的从事证券业资产评估、财务审计和经济效益预测的资格。

**（2）相关的从业经验及业绩**

总经理们要关注会计师事务在过去是否有从事相关IPO项目的经验及业绩。像案例中的天健正信，虽然不是国内规模最大的会计师事务所，但却有很丰富的IPO经验，而且IPO"过会"率很高，业绩很好。这样的会计师事务所应该是总经理们优先考虑的。

**（3）委派的工作人员的业务能力以及配合态度**

会计师事务所委派的工作人员的业务能力及配合态度也是选择的一个关键因素。工作人员的业务能力强，则意味着能够更快、更好地完成IPO过程中财务与会计方面的工作；配合态度好，则沟通更加顺畅，能够避免出现不必要的麻烦。有不少企业在上市过程中会更换会计师事务所，正是因为会计师事务所委派的工作人员的业务能力有问题，或者与企业的沟通出现了问题。因此，在选择会计师事务所时，这二者都要作为考虑的因素。

### （4）收费标准

与选择保荐人（主承销商）类似，对于中小企业而言，会计师事务所的收费标准也应是重点考虑的问题。一般而言，越是知名的会计师事务所，其收费越高，如国际四大的收费就比国内会计师事务所的普遍高一些，但是四大可能更多地承接规模大的业务，而对于中小企业的业务未必积累了足够的经验。所以，中小企业应该从自身的实际情况出发，未必就非要选名声大的会计师事务所，而要选适合自己的、有经验的、成功概率高的和收费合适的会计师事务所。

> **知识链接**
>
> 国际四大是指国际上最大的四个会计师事务所，由普华永道（PWC）、毕马威（KPMG）、德勤（DTT）和安永（EY）组成。普华永道由原来的普华国际会计公司（Price Waterhouse）和永道国际会计公司（Coopers & Lybrand）于1998年7月1日合并而成。毕马威在全球共有合伙人6561人、专业人员59663人、办事机构844个。德勤通常指的是"德勤全球"（Deloitte Touche Tohmatsu）的下属实体，或者这家瑞士组织遍布全球的分支机构和会员。安永在全球共有合伙人6000人、专业人员57000人、办事机构674个。

【总结】在IPO中介团队中，会计师事务所负责IPO全程的财务、会计与税收事务，是仅次于保荐人（主承销商）的重要成员。总经理们在选择时，要保证会计师事务所：

第一，要具有财政部和证监会颁发的证券从业资格。

第二，在中小企业IPO及相关行业积累了丰富的经验。

第三，所委派的人员有较强的业务能力及良好的沟通能力。

第四，收费合理。

# 三、律师事务所的选择

## 案 例

2010年上半年,资本市场接连出现了多起IPO被质疑、举报的事件,或导致企业上市进程受阻,或导致已上市企业被立案调查。其中,受到广泛关注的相关案例包括:华谊嘉信、苏州恒久、江苏三友及新大新材。颇具讽刺意义的是,上述事件都由北京天银律师事务所负责IPO法律事务。

虽然华谊嘉信的IPO申请在2009年9月22日便获得了发审会的通过,但该公司一直到2010年4月19日才获得证监会发审委核准的发行批文。市场普遍认为,华谊嘉信被举报IPO过程中存在违法违规事项是导致其延迟发行的罪魁祸首。而负责该公司IPO法律事务的是北京天银律师事务所,签字律师为颜克兵、马继辉。

2010年1月22日,苏州恒久IPO申请获发审会通过。2月26日,苏州恒久获证监会发审委发行批文。此后本应顺利进行的发行程序却最终以发行撤销而告终。为什么会出现这种尴尬局面呢?原来,苏州恒久在IPO申报时,实际早已失去了多项核心技术的专利权,但是从编制招股说明书(申报稿)到发行获批前的整个过程中,该公司却隐瞒了该事项。最后,苏州恒久虽然原定于3月19日挂牌,却不得不在挂牌前夜临时撤兵。其《招股说明书》显示,负责苏州恒久IPO法律事务的是北京天银律师事务所,签字律师为万川、王成柱、何东旭。

此后,江苏三友欺诈上市事件和新大新材的"举报门"事件又相继发生,而负责这两家公司IPO法律事务的也是北京天银律师事务所,江苏三友的签字律师是万川、吴团结,新大新材的是颜克兵、马继辉。

【分析】律师事务所是上市团队的法务官,因工作属性而成为IPO中介团队中的最后"守门人",在IPO过程中发挥着最后把关的重大作用。企业在IPO申报时专利的法律状态、三年内是否有变更实际控制人等事项的确认,皆由律师事务所来完成。在案例中,如果北京天银律师事务所能够认真履行自己的职责,也就不会出现江苏恒久的"专利门"和江苏三友欺诈上市的丑闻。因此,选择一个好的律师事务所对上市发行也是非常关键的。

下面,我们先了解IPO过程中律师事务所的主要职责是什么,然后再进一步讨论应如何选择一个适合自己企业的优秀律师事务所。

## 1. 律师事务所的职责

总体而言,在IPO过程中,律师事务所的主要职责在于理顺改制和发行上市过程中的法律关系,对所有的法务问题提供支持。具体职责如下:

**(1) 参与企业改制重组**

在这个阶段,律师事务所的主要职责是帮助企业满足改造为股份有限公司的实质性和程序性条件,协助编制公司章程。

①协助制订改制重组方案,为主营业务和资产范围的法律界限把关。

②从法律方面指导企业相关人员,规范企业行为,初步建立现代企业制度架构。

③协助企业编制并签署发起人协议、公司章程等一系列相关法律文件。

④依据改制方案及实际情况,就股份公司的设立,编制和申报法律意见书。

⑤从法律角度协助准备其他申报材料。

**(2) 股票发行与上市过程中的法律相关工作**

在这个阶段,律师事务所的主要职责是准备法律意见书、补充意见书,以及律师工作组报告。

①从法律的角度进行把关,帮助企业达到发行与上市的目的。

②在尽职调查的基础上,依据自身的专业判断,就股票发行与上市相关事项出具法律意见书。

③参与起草招股说明书，就法务方面的问题提供援助，对招股说明书的真实性和准确性承担法律责任。

## 2. 如何选择律师事务所

锦天城是国内知名的IPO律师事务所，它在2010年的IPO律师事务所排行榜上排到了第12位，而章晓洪是该事务所的一位重量级律师。

在2011年2月21日中国证监会发审会上，位于浙江舟山的德勤集团股份有限公司（以下简称德勤集团）首发未通过，成为春节后第一家IPO被否企业。

原来，章晓洪让其老乡张松代为持有股份的创业投资公司——浙江坤元，是德勤集团的股东，而章晓洪原本就是德勤集团的IPO律师。在IPO之前，为了躲避监管，与章晓洪合作的IPO律师张伟从锦天城辞职，带着项目到了裕丰律师事务所。但是，德勤集团仍然难逃IPO被否的厄运。

【分析】律师事务所以及律师本身的职业操守和水平对企业IPO是否成功有着重要影响。案例中，章晓洪为了私利，不惜利用创业投资机构持股其担任IPO律师的拟上市企业，丧失了律师的独立性，最终害人又害己。

那么，总经理们怎么才能选到一个适合自己企业要求的律师事务所呢？

**（1）证券从业资格**

总经理们应首先确认律师事务所及律师是否具有从事证券相关业务的资格。

**（2）是否值得完全信赖和容易沟通**

与保荐人（主承销商）和会计师事务所不同，律师事务所及律师在私人感情和合作深度上与企业更加贴近，更加人情化一些。因此，选择一个值得完全信赖且容易沟通的律师事务所及律师就显得尤为重要了。

### (3) 是否有历史违规

律师是非常神圣的职业，无论是相关政府部门，还是投资者，对其职业操守都非常看重。因此，一旦律师事务所及律师有了历史违规记录，将直接影响企业上市成功的概率。

### (4) 律师事务所及律师本身的专业水平、项目业绩和相关从业经验

总经理们不仅要考察律师事务所的证券法律服务业绩，也要考虑与自己直接打交道的律师的专业水平、项目业绩和相关从业经验。事务所的业绩愈好，律师本人的专业水平越高、项目业绩越好、相关从业经验越丰富，IPO成功的可能性就越大。

### (5) 收费标准

对于中小企业而言，收费水平仍然是相当重要的一个考虑因素。与保荐人（主承销商）和会计师事务所的选择一样，律师事务所并不是名气越大越适合自己，这还应具体情况具体分析。

【总结】律师事务所作为最后的"守门人"，在整个IPO过程中从法律的角度起着最后的把关作用。总经理们要结合企业自身的特点，把握律师行业的特征，保证自己所选的律师事务所：

第一，具有证券从业资格。

第二，完全值得信赖和容易沟通。

第三，较少甚至没有历史违规记录。

第四，专业水平较高，项目业绩较好，相关从业经验较丰富。

第五，收费合理。

## 四、资产评估机构的选择

在IPO过程中，资产评估工作是由资产评估机构来完成的，它们是上市团队中的资产师。企业拥有的资产是IPO的基石，因此准确的资产清算和估值可为IPO成功打下良好的基础。与保荐人（主承销商）、会计

师事务所和律师事务所相比，虽然资产评估机构的职责范围要更小一些，但合理选择资产评估机构，也是 IPO 过程中不容忽视的一个重要环节。

## 1. 资产评估机构的职责

在 IPO 过程中，资产评估机构的主要职责是在发行人改制和股票发行前对资产进行清理和核查，以便为 IPO 提供更有利的依据。其职责具体包括：

### （1）清产核资

依据相关规定，企业在改制和发行股票前，必须进行清产核资，对资产进行全面的清查，然后在此基础上进行资产评估。因此，清产核资是资产评估工作的重要一环，主要是全面核查委托单位的资产、负债情况，具体包括账务清理、资产清查、价值重估、损益认定、资金核实和制度完善等。

### （2）账目调整

在这个阶段中，为了让评估结果更真实、准确，资产评估机构将进一步对评估基准日前发生的一些事项作账目调整。

### （3）采用不同的资产评估方法对资产加以估值

一般情况下，资产评估可采用不同的方法，如收益现值法、重置成本法、现行市价法和清算价格法等。不同的方法有不同的适用条件，并适用于不同的情况，如收益现值法通常适用于企业整体价值及无形资产价值的评估。

在认定资产评定估算的结果无误后，资产评估机构应出具资产评估报告。资产评估报告是上市申报材料的重要组成部分。

## 2. 如何选择资产评估机构

目前，我国大大小小的资产评估机构，已经远远超过 3000 家，数量繁多。那么，总经理们究竟该如何选择，才能找到最适合自己企业的资产评估机构呢？不妨从以下几点进行考虑：

### （1）拥有证券从业资格

总经理们选择的资产评估机构，可以是独立的资产评估事务所，也可以是拥有会计师事务所的资产评估机构，但其必须拥有证监会和财政部联合颁布的证券从业资格，这与选择会计师事务所和律师事务所类似。

### （2）与负责 IPO 审计的会计师事务所分开

一个人，如果既管现金，又管记账，就很容易发生舞弊。因此，根据相关部门的规定，负责资产盘查与估值的资产评估机构和负责审计工作的会计师事务所不能是同一个机构。

### （3）资产评估机构的业绩、业务能力及违规记录

与保荐人（主承销商）、会计师事务所和律师事务所的选择一样，历史业绩和业务能力是选择资产评估机构时的两个重要考虑因素。评估师本身的沟通能力也很关键，因为 IPO 是一个团队工作，较好的沟通协调能力将使工作事半功倍。同时，历史违规记录也会对 IPO 成功的可能性产生重大影响，也是总经理们在选择资产评估机构时应重点考虑的因素。

### （4）收费标准

最后，总经理们还应适当考虑收费问题，因为对于中小企业而言，将更多的资金留在企业中，无疑对将来的经营更有利！

【总结】相对于其他中介，资产评估机构的职责范围要小一些，但是因为资产的质量和规模是一切财务状况和经营业绩之本，影响着经营管理的方方面面，也直接影响审核委员会对于企业的初始印象，因此选择一个好的资产评估机构亦非常重要。在选择资产评估机构时，总经理们应重点考虑如下因素：

第一，是否具有证券从业资格。

第二，是否已经从事本企业 IPO 审计工作。

第三，业绩、业务能力及违规记录的情况。

第四，收费是否合理。

# 五、如何找到满意的中介

在了解了 IPO 过程中四大中介的职能以及如何选择适合自身需求的中介后，很多总经理可能还是摸不着头脑：我们到哪里才能找到中介呢？

## 1. 寻找满意中介的途径

**（1）最笨的方法——浏览相关网站**

如果你想了解会计师事务所，那么你可以登录中国注册会计师网站，那里有权威的排名；如果你想了解保荐人（主承销商），那么你可以登录证券业协会的网站；同样的，如果你想了解律师事务所和资产评估机构，你也可以登录相应的网站。在对各类中介有个总体的认识后，你就可以根据自己的需要去找中介的相关信息及联系方式。只是，这个方法的效率比较低。

**（2）最快的方法——熟人介绍**

你的朋友或生意伙伴可能已经上市或正在上市，也可能在与上市相关的政府部门任职，他们都能给你提供一些中介机构的信息，如中介的专业水平、是否容易沟通等。然后，你再根据自己企业的需要和状况，对他们提供的信息进行综合考虑和比较，从中选出最适合自己的中介。

值得注意的是，一般情况下，你找了四大中介中的一个，它就会为你带来其他三个中介，这是因为，四大中介在 IPO 过程中相互配合，已经形成了自己的圈子。

## 2. 选择满意中介的程序

中介的选择是一个系统的过程，应有相对规范的程序，不应是一个"拍脑袋"的决定。因为拟上市的企业较少，中介行业本身的竞争也非常激烈，所以总经理们一定要有耐心，辨别良莠，找真正适合自己企业的中介，切不可贸然作决定。

一般而言，企业可采用招标的形式来选择中介。其具体程序为：

第一，在企业内部成立中介机构临时工作小组。

第二，统一招标。

第三，评标。

第四，现场考察。

第五，确定中介。

# 第五章
## 如何进行资本运作及制度设计

**你将在本章学到：**
- 如何设立股份制公司
- 如何围绕主业进行上市前的资产重组
- 改制上市前应如何进行制度设计

**关键词：** 股份制改组　资产重组　制度设计

在保荐人（主承销商）的引导和其他中介机构的配合之下，企业很快就会进入改制重组的阶段。成功的改制重组，可以让企业实现"龙门一跃"，不但满足相关板块的上市要求，而且在 IPO 时还能获得一个好的价格，增加融资总额，甚至能影响企业的后续经营。因此，改制重组是企业上市实战阶段非常关键的一步。

# 一、股份制改组

总体而言,中小企业在上市前大多存在管理不完善、运作不规范等问题,而改制重组的过程,实际上就是帮助企业设立合理的股权结构、改善公司治理、重组经营业务、调整资产结构、最终建立现代企业的过程。通过这个过程,企业可以达到上市条件,并取得较高的上市发行价格。

改制重组主要是在保荐人(主承销商)的主导下进行的,但总经理对这个过程的了解和配合程度会影响到改制重组能否顺利完成。一般情况下,保荐人(主承销商)会先就整个改制上市的过程制定一个时间表,全局安排改制上市的过程,然后总经理协助对改制上市时间安排的合理性和可行性进行把关。计划越周密、规划越合理、设计越精心,企业上市就越早、越快。财经网站金融界的上市可谓是这方面的典范。从2004年4月15日启动上市程序到2004年10月15日实现上市挂牌,金融界前后只用了6个月的时间,上市过程顺利流畅,创造了上市速度的神话。金融界上市如此之快,与改制过程的周密设计是分不开的,就连负责IPO审计的德勤会计师事务所和主承销商摩根大通都对其改制上市环节中丝丝入扣的设计赞赏有加。

根据《证券法》的相关规定,IPO企业必须是股份有限公司,所以企业要想上市,必须经历股份制改组的华丽变身。如图5-1所示,股份制改组是一个"三步上篮"的过程:第一步,设立股权结构;第二步,

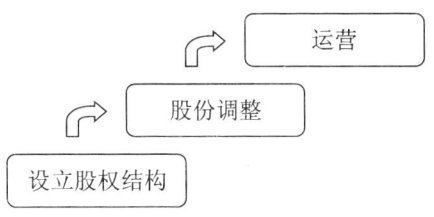

图5-1 股份制改组过程

股份调整；第三步，运营。

## 1. 设立股权结构

股份制改组的第一步是设立股权结构，它主要由两项内容组成：

（1）**设立一个目标股本总额**

这个股本总额必须：

①满足上市的要求。如将在中小板上市，发行前股本不得少于3000万元；如将在创业板上市，则发行前股本不得少于2000万元。

②考虑未来的股本收益率水平。股本规模太大而没有足够的利润加以支撑，必然会导致发行时的股本收益率过低，并会进一步影响后续的IPO定价；股本规模过小，又有可能使企业的资金不足和扩张能力受到限制。

（2）**股权结构的设计**

股权结构是指股本中各股东的持股比例构成。股权结构必须：

①满足《公司法》和《证券法》的要求。《公司法》第八十三条规定："以募集设立方式设立股份有限公司的，发起人认购的股份不得少于公司股份总数的百分之三十五，其余股份应当向社会公开募集。"《证券法》第五十条中也规定："公开发行的股份达到公司股份总数的百分之二十五以上；公司股本总额超过人民币四亿元的，公开发行股份的比例为百分之十以上。"换言之，发行后股本不超过4亿元的公司，其股权结构应满足：

$$35\% \leq 发起人持股 < 75\%$$

而发行后股本超过4亿元的公司，其股权结构应满足：

$$35\% \leq 发起人持股 < 90\%$$

②发起人的持股比例合理。中小企业的发起人具体包括：创始人、风险投资、私募股权、企业高管和核心员工以及其他的机构投资者。设计这部分股权时应重点考虑：

第一，要为提高公司治理水平留下余地。这就意味着，创始人的持股水平不宜过高。一般认为，过高的控股股东持股水平，将导致大股东对小股东利益的严重侵害，这也是证监会发审委进行 IPO 审核时的考察重点。本书第三章神舟电脑的案例就是一个很好的说明。案例中，创始人吴海军在股票发行后持股比例仍高达 83.47%，处于绝对控股地位，导致了神舟电脑第三次冲击上市的失败。

第二，要能吸引到优质的风险投资和私募股权投资。对于中小企业而言，风险投资和私募股权投资在 IPO 时能够起到很大的作用：一是，能为企业带来充足的资金；二是，风险投资和私募股权有声誉效应，能够在一定程度上缓解企业 IPO 定价过低的问题，对 IPO 企业的质量起到认证的作用；三是，有一些风险投资和私募股权在 IPO 时还能起到营销的作用，如它们能给企业推荐更合适的会计师事务所、律师事务所和资产评估师机构，或者它们与政府部门有着紧密的联系，从而最终提高 IPO "过会"成功的概率。因此，在股权结构中设置适当的比例以吸引风险投资和私募股权，是非常重要的。

第三，对高管和核心员工有足够的吸引力。在那些高科技企业中，这一点尤为重要，因为人力资源是高科技企业的关键资源，是否能吸引并留住关键资源是企业赖以生存的根本。

## 2. 股份调整

**案例**

2001 年 3 月 26 日，新疆新风科工贸有限公司正式改制为新疆金风科技股份有限公司（以下简称金风科技）。从 2004 年开始，为了满足上市和自身扩张的需要，金风科技经历了漫长的股份调整过程：

2004 年 4 月 10 日，金风科技与公司原股东签署《增资扩股协议》，并约定：公司股本由 3230 万股增加到 7000 万股，增资股份按每股 1.27 元的价格以现金方式认购，共募集 4787.90 万元。

2005 年 9 月，金风科技引入中国 – 比利时直接股权投资基金、上海银利移动通信设备有限公司、中国光大投资管理公司、广东龙光（集团）有限公司等法人股，总股本扩充至1亿股。

2005年12月至2007年3月，金风科技在维持现有股本的情况下，通过股东间的股权转让引入深圳远景新风投资咨询有限公司、深圳盛高达投资有限公司、深圳利安投资有限公司、上海银利伟世投资管理有限公司等法人股。

2007年，为了扩大公司的股本规模，金风科技股东大会审议通过了2006年利润分配及公积金转增股本的决议，同意按2006年末总股本1亿股计算，通过派送红股、资本公积转增股本、法定盈余公积金等方式转增股本。由此，公司总股本由1亿股增至4.5亿股，为上市发行股票作好了准备。

经过一系列的股份调整，金风科技终于满足了上市的要求，并于2007年12月成功登陆深圳中小板，其股票简称为金风科技，股票代码为002202。

【分析】股权设置完毕后，就涉及具体的股份调整了。案例中，金风科技为了达到上市要求，采用不同方法进行了若干次股本调整，最终成功登陆深圳中小板。

通常情况下，企业采用的股份调整方法包括转增股本或送红股、扩股增资、引入风险投资或私募股权、缩股或分立等。

**（1）转增股本或送红股**

一般情况下，转增股本是指将资本公积转移到股本中，而送红股则是将未分配利润直接转入股本。企业如果在上市前有大量的未转增的资本公积或未分配利润，那么在扩大股本规模的时候，可优先选择转增股本或送红股的方式。转增股本或送红股可使资本公积和未分配利润进入股本，在不需要原股东掏现金和不改变股东权益的前提下，增加了股本的规模。这样一来，企业如需进一步增资，在引入新股东时，原股东占有的权益就会增加，从而保护了原股东的利益。

虽然二者进入股本的所有者权益来源不同，但有着异曲同工之妙，即都增加了股本，却没有改变所有者权益的规模。

在案例中，金风科技正是在 2007 年通过派送红股和转增股本进行了上市前的最后一搏，将总股本由原来的 1 亿股增加到了 4.5 亿股。

> **知识链接**
>
> 股本是指股东投入并进入企业资本金的那部分所有者权益。
>
> 未分配利润是指企业在日常经营中累计下来的、未分配给股东的净利润。
>
> 资本公积是指投资者投入到企业、所有权归投资者所有且投入金额超过法定资本部分的资本。
>
> 上述三者都是所有者权益的重要组成部分。

（2）扩股增资

与转增股本和送红股不同，扩股增资意味着在股本扩张的同时，有真金白银流入企业。根据增资扩股对象的不同，增资扩股又可分为配股和定向增发两种。其中，配股是指新增加的股份向原来的股东配售，而定向增发是指向原股东之外的新股东增发股份。

①配股。在配股的过程中，新发行的股份按照一定的配股比例向原股东出售，原股东按配股价格和配股数量认购股份。在这种方式之下，如果全体股东都参与认购，原股东将维持原来的持股比例，股权结构不变。

②定向增发。与配股不同的是，定向增发是向特定投资者非公开发行股份，其后果将导致新股东的产生。因此，定向增发完成后，不仅企业的股本将产生变化，而且企业的股权结构也将发生变化。

一般情况下，除了为增加股本外，企业还意在通过引入战略性股东，实现提升管理能力、拓宽经营渠道、整合资源配置等目的。因此，定向增发还有可能使企业的业绩得到重大的提升。

③配股和定向增发的比较。配股和定向增发都能增加企业的股本，都能为企业提供更充足的资金，但二者各有所长，这主要表现在两个方面：

第一，配股对企业的股权结构没有影响，但定向增发却有可能引起控制权的重大变化。所以，如果控股股东担心控制权会被稀释，那么采用配股是比较理想的。

第二，与配股相比，定向增发通过引入了战略性投资者而使经营得到改善，可以提升企业的业绩。

案例中，金风科技2004年增资扩股时采用的就是配股的方式，该举措不会引起控制权的变化；2005年它又引入了中国－比利时直接股权投资基金等法人股，这在一定程度上稀释了控股股东的控制权；而2005年12月至2007年3月份的定向增发，为了不影响股权结构，都是通过股权结构内部调整的方式进行的。

(3) 引入风险投资或私募股权

事实上，引入风险投资或私募股权是定向增发的一种，但因为对于中小企业而言，风险投资或私募股权是除了创始人以外最主要的发起人股东，故在此单独介绍。

在案例中，金风科技曾多次引入风险投资或私募股权，如中国－比利时直接股权投资基金就是一个在国内很活跃的有国际背景的私募股权。而在第二轮引入的深圳市远景新风投资咨询有限公司、深圳盛高达投资有限公司、深圳利安投资有限公司、上海银利伟世投资管理有限公司等，正是国内比较活跃的风险投资。

对于中小企业，特别是还处于发展期，甚至是发展期之前的中小企业而言，风险投资和私募股权的加入具有战略性意义，因为风险投资和私募股权是专业的投资者，它们对具有高成长性的中小企业的投资有着丰富的经验。并且，很多学者的研究结果也表明，风险投资和私募股权的加入对提升公司治理有着重要的意义，这具体表现在：董事会的独立性增加、董事会中内部人董事的比例降低、董事会主席和CEO两职为同一人兼任的比例降低。此外，风险投资和私募股权还会通过与被投资企业组成产品战略联盟、研发联盟等方式参与企业的经营，最终提升企业的业绩。

### （4）缩股或分立

缩股是指企业将股票回收后注销，而分立是指企业分成两个或两个以上的具有相互独立的法律地位而又互不具有股权联结关系的企业。这两种方式都是减少股本规模的股份调整方式。

一般，企业只有股本规模过大的情况下，才会采用这两种方式。而中小企业上市前大都规模过小，难以满足相关规定，因此很少用到这两种方式。

## 3. 规范运作

在设立好股本规模和股权结构，并完成股份调整后，总经理们接下来面对的问题是股份制公司的规范运作。股份制公司的规范运作是以一系列规章制度为基础的，这些制度主要有：内部控制制度、公司治理制度、资金管理制度、对外担保制度、股权激励制度等。本书将在本章的第三节对制度的设立作详细论述。

# 二、资产重组

在股份制改组阶段，企业对股权进行了调整，但企业的改制重组并不仅仅是股权调整那么简单。为了达到证监会的上市要求和获得一个好的发行价格，企业还必须进行资产重组。"改制容易，重组难"，重组是企业上市过程中非常重要的一环，也是企业必须下大工夫的一环。

从广义上来讲，资产重组不但要调整资产结构，还要调整负债结构。通常，我们又将上市前的资产重组称为上市重组。

## 1. 资产重组模式的选择

企业资产重组有不同的模式，如何选择要视企业自身情况和相关规定而定。

(1) 资产重组的模式

资产重组通常有原续整体重组、"一分为二"重组、主体重组、合并主体重组和异地同业重组这五种模式。

①原续整体重组模式。原续整体重组模式又称整体上市模式,是指将被改组企业的全部资产(包括经营性资产和非经营性资产)投入到股份有限公司,然后以此为股本再进一步增资扩股、发行股票和上市的重组模式。其模式如图5-2所示。

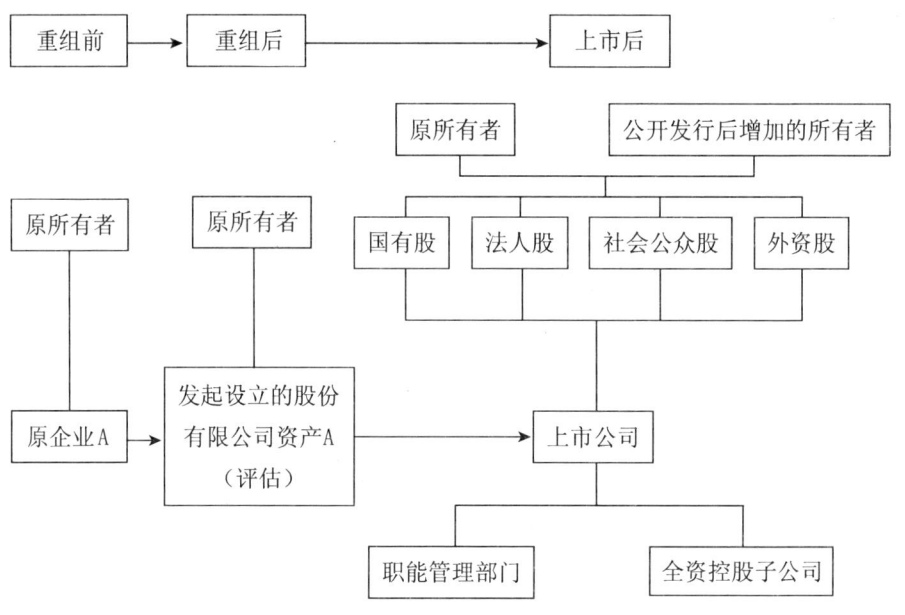

图5-2 原续整体重组上市模式图

原续整体重组模式具有如下优点:

第一,企业的资产与负债在重组之后改变不会很大,没有资产剥离,重组过程比较简单,花费的时间也较短,所以企业上市后不需要花太大的力气进行重新磨合。

第二,关联交易比较少,有利于上市之后的信息披露,也不存在同业竞争。

但是,因为这种重组模式没有剥离出不良资产和非经营性资产,必然造成上市企业的净资产收益率较低,会对 IPO 定价造成一定的不良影响。

②"一分为二"重组模式。在该模式下,被改组企业的专业生产经营管理系统首先与原企业的其他部门相分离,然后分别以分离后的实体为基础成立两个或两个以上独立的法人主体并直属于原企业的所有者,而原企业的法人地位不复存在,最后重组为股份有限公司。其模式如图 5-3 所示。

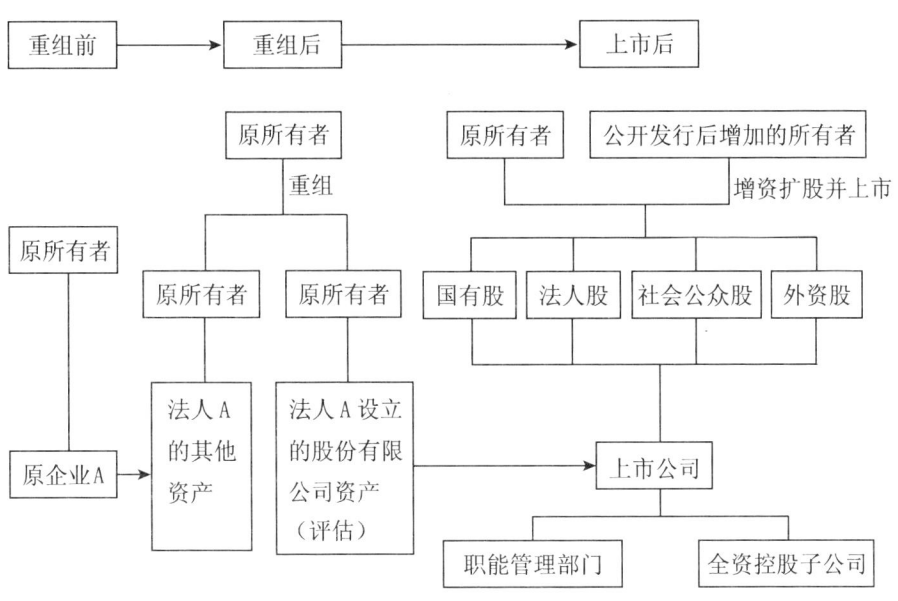

图 5-3 "一分为二"重组模式图

因此,与原续整体重组模式相比,"一分为二"重组模式通过合理地剥离资产中的非上市部分,能够比较全面地优化上市主体,从而有利于上市企业今后提高竞争力。与此同时,将赢利的部分成立股份有限公司,也必然能够提高企业的经营业绩。

但是在"一分为二"重组模式下,需要确定剥离出去的资产,重组的难度较大,重组的时间也较长。剥离还会产生一些会计和财务上的问题,进一步加大了重组的难度。此外,"一分为二"重组模式将不可避免地导致重组之后成立的公司之间存在关联交易,而关联交易不仅会对上市批准产生影响,同时也会对上市后关联交易信息的披露产生影响。

③主体重组模式。这种模式与"一分为二"重组模式很相似,只是分别成立的两个公司受同一个控股公司的控制。其模式如图5-4所示。

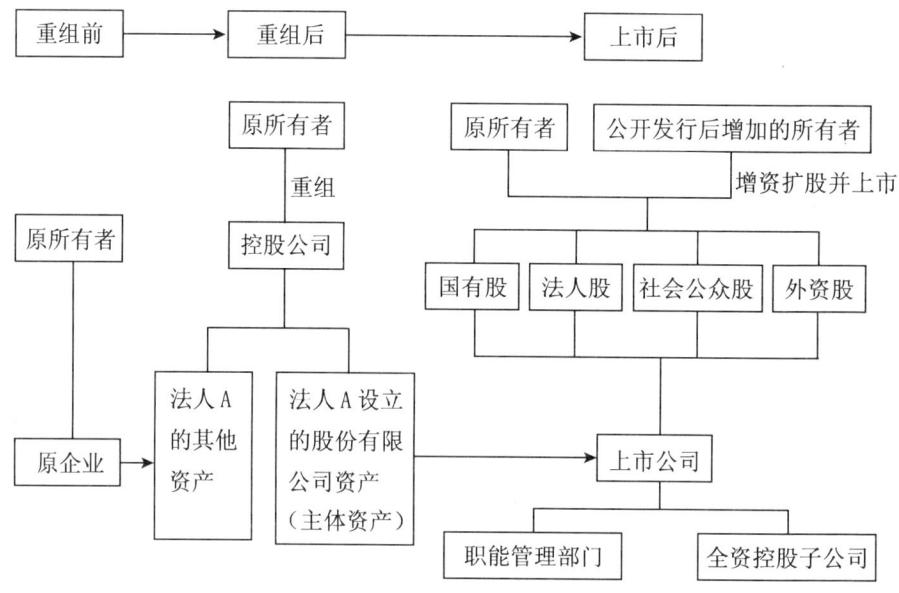

图5-4 主体重组模式图

这种模式适用于国有企业改制上市,因为控股公司的存在使得原国有企业的法人实体仍然存在,使企业与政府之间仍然保持着联系,仍然能够享受原来国有企业的待遇。大部分大型国有企业上市都是采用这个模式,如中石化、中石油、中国神华等。

但与"一分为二"重组模式类似,主体重组模式会涉及资产剥离和企业分立,重组过程较为艰辛。此外,拟上市的部分和剥离出去的主体部分必然存在关联方交易,对上市审批会造成一定的影响。

④合并主体重组模式。合并主体重组模式是主体重组模式的延伸。在这种模式下,企业在与其他企业合并之后,再进行主体重组。其模式如图5-5所示。

该模式具有主体重组模式的一切优点与缺点。但是,因为在重组之前企业还要与其他的企业进行合并,因此重组的难度进一步增加了。所以，这种模式在实践中运用得较少。

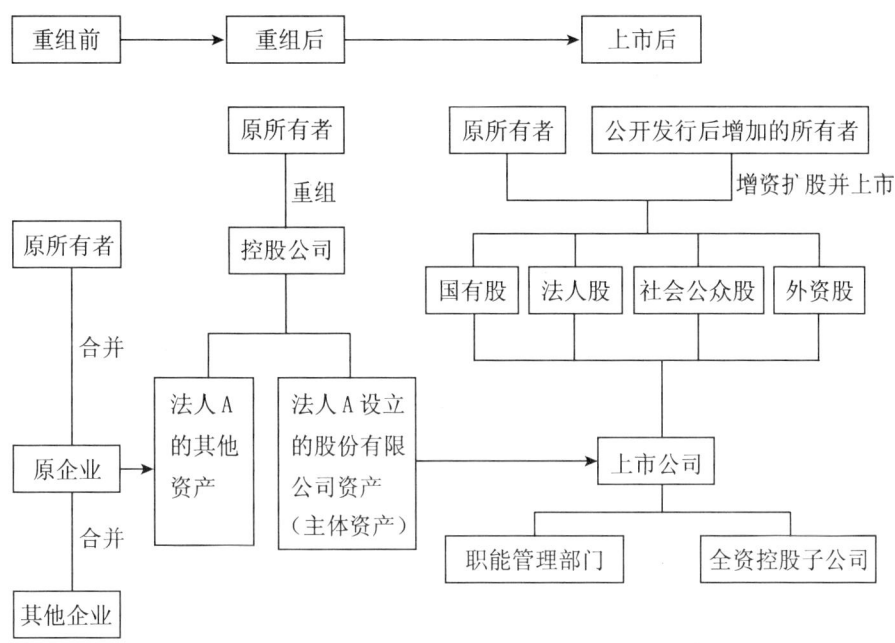

图 5-5 合并主体重组模式图

⑤异地同业重组模式。最后一种常见的上市重组模式是异地同业重组模式，实业界也把这种模式叫做"捆绑上市"。在这种模式下，一家以上不在同一地区的主营业务相同、相近或有关联的企业，各自向股份公司投入一部分生产经营性资产成为发起人股本，然后联合组建上市公司。其模式如图 5-6 所示。

整合多个企业的资产捆绑上市，有助于增强企业的核心竞争力，能够形成相对完整的产业链。但是，这种模式需要发起重组的各方充分协调，而且生产分散于各地，对管理水平的要求也很高。因此在实践中，这种模式也较少使用。

（2）中小企业的选择

中小企业规模较小，如果过多地进行资产剥离，必然导致资产规模缩小，而资产规模直接影响着资本规模，因此中小企业上市重组基本上不会选择"一分为二"重组模式和主体重组模式。同时，采用合并主体

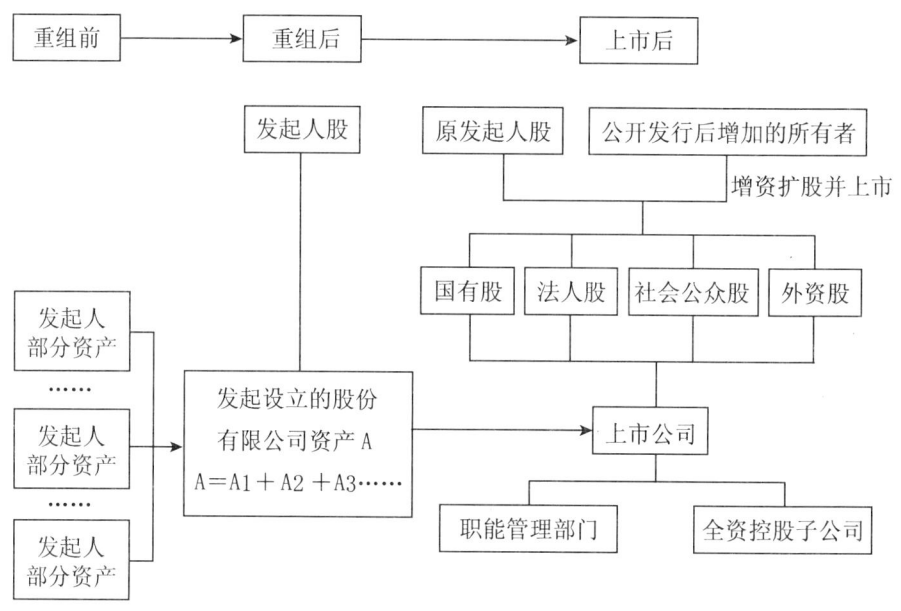

图 5-6 异地同业重组模式

重组模式或异地同业重组模式会涉及多个企业之间的整合,这对中小企业而言,更不现实。

综上所述,中小企业一般选择原续整体重组上市模式。

### 案 例

海普瑞上市时的定价高达 148 元/股,李锂和李坦夫妇缔造了资本市场的又一个神话。海普瑞正是由海普瑞药业整体改制变更设立的。2010 年 4 月 22 日,海普瑞在其《招股说明书》中披露:

"公司是经商务部《关于同意深圳市海普瑞药业有限公司改制为外商投资股份有限公司的批复》(商资批 [2007] 2025 号)批准,以经南方民和会计事务所审计的海普瑞药业截至 2007 年 9 月 30 日的账面净资产额 107 020 738.88 元,扣除由拨款转入形成的资本公积 10 000 000 元后的净资产值 97 020 738.88 元,按 1∶0.92763672 的比例折合股本 9000 万股,由海普瑞药业整体变更设立的股份有限公司。

……

公司是由海普瑞药业整体变更而来,承继了海普瑞药业的全部资产、负债，也承继了原有的业务模式和流程。公司和海普瑞药业的业务流程完全相同，改制前后业务流程未发生变化。"

【分析】从海普瑞的《招股说明书》中可以看出，在原续整体重组模式下，改制后设立的股份有限公司基本上承续了公司改制前的资产、负债、业务模式和流程，重组的程度较低，难度较小。但是在重组过程中，总经理们仍需要注意：

①按照中国证监会的相关规定，公司在对同一控制人下，相同、相似或相关业务进行重组时，应关注重组对发行人资产总额、营业收入或利润总额的影响。

第一，被重组方重组前一个会计年度末的资产总额或前一个会计年度的营业收入或利润总额达到或超过重组前发行人相应项目的100%的，发行人重组后运行一个会计年度后方可申请发行，以便让投资者更多地了解重组后的运营情况。

第二，被重组方重组前一个会计年度末的资产总额或前一个会计年度的营业收入或利润总额达到或超过重组前发行人相应项目的50%，但不足100%的，保荐人（主承销商）和发行人律师应按照相关法律法规对首次公开发行主体的要求，将被重组方纳入尽职调查范围并发表相关意见。

第三，被重组方重组前一个会计年度末的资产总额或前一个会计年度的营业收入或利润总额达到或超过重组前发行人相应项目的20%，但不足50%的，申报财务报表至少包含重组完成后的最近一期资产负债表。

因此，总经理们应把握好重组的程度，避免重组程度过大，对上市进程造成不必要的影响。

②折股比例。根据《公司法》相关规定，折股比例应小于1，也就是说不能100%或100%以上折股。案例中，海普瑞净资产折股比例为1:0.92763672，在这个比例下，改制前企业每1元的净资产中，有0.92763672元进入改制后企业的股本，而剩下的0.07236328元则进入资本公积。

## 2. 资产重组的核心原则

企业不论怎么进行资产重组，都需要把握独立运营、主业突出、避免同业竞争与关联交易这三个核心原则，这将直接影响企业上市成功的可能性。

### （1）独立运营

这三项原则中，独立性是公开发行股票最基本的条件，也是影响企业持续赢利能力最核心的因素。

资产重组首先要让拟上市企业具备独立运营的能力。独立运营不仅是指企业对内独立，即企业对其主要股东独立，也指企业运营对外独立，即企业在技术上或业务上并不依赖其他企业，具有完整的业务体系和直接面向市场的独立经营能力。具体而言，独立运营包括业务独立、资产完整、财务独立、人员独立和机构独立五个方面。

①业务独立。业务独立是指企业的运营独立于控股股东、实际控制人及其控制的其他企业，具有完整的采购、生产、销售和研发体系，生产和经营不需要依赖主要股东及其他外部企业。

**案 例**

2007年，证监会发审委否定了某光讯科技公司的上市申请。其原因在于，证监会发审委认为该公司的业务独立性存在一定问题。

该公司为光电子器件制造商，而其控股股东控制的另一上市公司为通信系统设备制造商，二者存在着严重的业务上下游关系。而且，根据该公司的申报材料，证监会发审委还发现：在2004～2007年这三年时间内，该公司的关联销售金额分别为6797万元、7809万元和1.2418亿元，分别占当年销售总额比例的39%、35%和30%；该公司所有的厂房全部向控股股东租赁，甚至公司即将募得的资金也将用于继续向控股股东租赁厂房。这些证据进一步佐证了该公司对内不独立，经营业务严重依赖关联股东，所以证监会发审委最终否定了这家公司的上市申请。

【分析】正因为该公司对内不独立，在经营业务上与关联股东存在严重的依赖关系,所以证监会发审委最终否定了这家公司的上市申请。因此,总经理们在资产重组时,一定要保证自己的企业业务独立。

②资产完整。资产完整是指,生产型企业要具备与生产经营有关的生产系统、辅助生产系统和配套设施,合法拥有与生产经营有关的土地、厂房、机器设备以及商标、专利、非专利技术的所有权或者使用权,具有独立的原料采购和产品销售系统,而非生产型企业要具备与经营有关的业务体系及相关资产。

**案例**

良信电器在其《招股说明书》中披露:"报告期内,公司与生产经营有关的土地、厂房全部是向关联方纳德电气租赁而来,至报告期末,租赁厂房的面积共计16 438.59平方米。"换言之,良信电器无任何自有生产场地。

根据上报资料,证监会发审委认为良信电器的资产完整性存在着重大缺陷,于是否决了良信电器的IPO申请。

【分析】事实上,监管会非常关注拟上市企业向关联方租赁主要资产的问题,因为关联方租赁意味着企业在生产经营上对关联方的依赖,很容易丧失独立性,会导致中小股东的利益受损。在这个问题上,监管会要求拟上市企业不能向控股股东租赁主要资产,但可向独立第三方租赁。

③财务独立。

**案例**

江苏常州绝缘材料总厂是裕兴薄膜的主要股东,公司及董事、监事合计持有裕兴薄膜97%的股份。2010年,裕兴薄膜向证监会提交了IPO申请。但是在报告期内,常州绝缘材料总厂持续向裕兴薄膜提供生产所需的大额资金并赊销重要设备,同时裕兴薄膜也向常州绝缘材料总厂提供大额贷款担保,致使裕兴薄膜的资金往来与关联方之间互相不独立。最终,裕兴薄膜的上市申请被证监会发审委否决了。

【分析】裕兴薄膜IPO申请被否,正是因为它与关联方之间的资金往来不独立，这主要表现在裕兴薄膜与关联方之间互相占用资金和提供违规担保。资金往来不独立是财务不独立的一个重要表现。此外，财务不独立还表现在关联方干预企业的财务和会计活动，使企业无法进行独立的财务决策。

④人员独立。人员独立是指企业的董事、监事、总经理、副总经理、财务负责人、董事会秘书等人员的产生均应是独立的。

⑤机构独立。机构独立是指，拟上市企业的组织机构独立、完整，与控股股东、实际控制人及其控制的其他企业间不存在"两块牌子、一套人马"的现象。

（2）**主业突出**

主业突出是改制重组过程中，总经理们需要关注的另一个问题。企业主业突出包括两个标准：

第一，主营业务在三年内没有发生重大变化，保持稳定。

第二，有业务在各项业务中占绝对优势，该项业务占所有主营业务收入的比重一般应超过50%。

上述两个标准缺一不可。

### 案 例

2007年，易讯无限向证监会提交了IPO申请，却最终因主业不突出而被否。

在《招股说明书》中，易讯无限披露："公司的主营业务为移动互联网应用业务，具体包括移动电子商务、手机游戏、移动增值服务业务。"

而《招股说明书》中的相关数据显示，2007年至2009年，易讯无限移动电子商务业务收入分别为220.53万元、2265.02万元和2098.38万元，手机游戏业务收入分别为1098.12万元、2052.16万元和12 493.79万元。2009年，移动电子商务业务和手机游戏业务的合计营业收入占到了主营收入的67.9%。而在2007年，易讯无限的主营收入为8041万元，移动电子商务业务和手机游戏业务的合计营业收入却只占到了16.40%。

【分析】比照主业突出的两个标准，我们可以看出，易讯无限在2008

和2009年的主营业务结构没有发生重大变化，这满足了主营业务保持稳定的要求。但是在2007年，移动电子商务业务和手机游戏业务只占营业收入的16.40%，两项的加总并没有超过50%，所以主营业务在2007年不突出。同时，移动电子商务业务和手机游戏业务的占比由2007年的16.40%增加到2009年的67.9%，因此主营业务在2008年前后发生了重大变化，导致主营业务维持三年稳定的标准也被打破。因此，证监会发审委最终以主业不突出否定了易讯无限的上市申请。

（3）避免同业竞争与关联交易

同业竞争是指拟上市企业的主要业务与控股股东、实际控制人及其控制的其他企业从事的业务存在相同或相类似的情况，双方构成或可能构成直接或间接的竞争关系。严重的同业竞争很容易导致企业在上市后，其控股股东通过侵害其他股东，将利益由上市企业转移到与企业存在同业竞争的非上市企业中。

关联交易则是指企业与其控股子公司、企业关联人之间发生的转移资源或义务的事项。关联交易包括但不限于下列事项：购买或销售商品、购买或销售除商品以外的其他资产、提供或接受劳务、代理、租赁、提供资金（包括以现金或实物形式）、担保、管理方面的合同、研究与开发项目的转移、许可协议、赠与、债务重组、非货币性交易、关联双方共同投资，以及交易所认为应当属于关联交易的其他事项。

在财务上，关联方是指直接或通过子公司间接拥有一家企业半数以上表决权，或根据章程或协议对表决权有重大影响，并有权决定企业财务与经营政策的自然人或实体。"重大影响"是指可以参与企业财务和经营政策的决定，但不控制这些政策的自然人或实体。根据相关规定，关联方主要包括：

①控股股东和实际控制人。控股股东是指对企业具有绝对控制权的股东，其持有股份在50%以上，或虽然持有的股份不足50%，但依所持有的股份享有的表决权已足以对股东大会的决议产生重大影响。实际控制人则是指虽然不直接持有企业股份，或者其直接持有的股份达不到控

股股东要求的比例，但通过投资关系、协议或者其他活动，能够实际支配企业行为的自然人或法人。实际控制人可以是控股股东，也可以是控股股东的股东，甚至是其他的法人或自然人。

②其他股东。指除控股股东外，持有企业5%以上股份的法人或自然人。

③兄弟公司。控股股东和实际控制人控制的其他公司，与本企业之间构成兄弟公司的关系。

④控股子公司和参股公司。指企业自身控制或参股的公司。

⑤关联自然人。指其他能够对企业财务和生产经营决策产生重大影响的个人，包括企业的董事、监事和高级管理人员等。

⑥关联自然人直接控制的其他公司。指持有企业5%以上股份的自然人或企业的董事、监事和高级管理人员控制的公司。

在我国的股票市场上，通过复杂的交易安排，特别是交易定价，关联交易已经成为很多企业用以从上市企业转移资产的手段，甚至最终将上市企业掏空，严重损害了控股股东和实际控制人以外的其他中小股东的利益。因此，关联交易也成了证监会发审委在IPO审批中重点关注的问题。

据统计，同业竞争和关联交易成为2010年IPO被否的十大理由之一，排名第五位。

**案 例**

"关联交易定价不公"在以往已上市企业与大股东或其他关联方之间的交易中并不鲜见，在拟上市企业中也不是个案，像山东信得科技股份有限公司（以下简称信得科技），就败在了"关联交易定价不公"上。

该公司的IPO申请中披露了如下交易："2009年7月31日，信得科技与潍坊市信得生物科技有限公司（以下简称潍坊信得）签署了《商标许可使用协议》，协议约定信得科技许可潍坊信得使用信得科技所有的商标1年。"

证监会发审委认为，潍坊信得是信得科技实际控制人控制的企业，却将自己拥有的商标许可给实际控制人所控制的潍坊信得无偿使用,因此信得科技的关联交易定价不公允,损害了拟上市企业的合法权益。最终,证监会发审委引用《首次公开发行股票并上市管理办法》第十九条规定,否决了信得科技的IPO申请。

【分析】由此可见,同业竞争和关联交易已成为企业上市的拦路虎。所以,企业在改制重组过程中,应尽量通过各种方法,实现同业但不竞争、交易但不关联的状态。

【总结】在资产重组过程中,企业有很多可以选择的模式,常见的有原续整体重组模式、"一分为二"重组模式、主体重组模式、合并主体重组模式和异地同业重组模式。但是,由于后四种模式或需要进行大规模的资产剥离,或需要联合多个企业,而中小企业规模较小,又多为民营企业,所以它们并不适合中小企业,因此原续整体重组模式成了中小企业资产重组的首选模式。而在资产重组过程中,总经理们要时刻把握三个核心准则:独立经营、主业突出、避免同业竞争与关联交易。

# 三、制度设计

企业的规范运作与制度建设,好比高楼与地基,只有地基打得好,楼才能盖得高。因此,改制上市的过程其实也是企业建章立制的过程。企业的制度设计涉及运营和管理的方方面面,具体包括:内部控制制度、公司治理制度、股权激励制度,以及收购防御制度等内容。

## 1. 内部控制制度

内部控制是企业为了提高会计信息质量,保护资产的安全、完整,保证会计信息的真实性、完整性以及经济活动的合法性、有效性,确保有关法律、法规和规章制度的贯彻执行,控制经营风险,实现经营目标而制定与实施的一系列相互联系、相互制约、相互监督的控制方法、措施和程序。内部控制的权威人士阿德里安·卡德伯里（Adrian Cadbury）曾经说过："公司的败绩都是由内部控制失败引起的。"而众多企业的失败案例，也恰恰验证了这一观点。

## 案 例

中国中钢集团是国务院国资委管理的中央企业。1993年2月，中钢集团经国务院经济贸易办公室批准成立，之后不断有公司和科研机构加入，公司的实力不断壮大。目前，中钢集团所属二级单位86家，其中，境内63家，境外23家。2010年，中钢集团主营业务收入达1860亿元，位列美国《财富》杂志发布的2010年全球500强排行榜第352位。

但是，这个在大多数人眼中的优质企业却在2010年10月被审计署出具了存在财务管理混乱等诸多重大问题的诊断书。通过对其下属的86家二级单位中的几家分、子公司进行抽查，审计署认为中钢集团的财务存在着性质严重的问题，具体表现为：巨额佣金支付不合规、虚报利润、巨额财务黑洞、转移利润、投资不谨慎等。

【分析】上述问题暴露出了中钢集团内部控制的缺失，也直接拖累了中钢整体上市的进程。近年来，我国出现了大量携款外逃、挪用公款赌博、转移资金炒股等挪用、侵占或诈骗企业财产的犯罪事件，其原因之一就在于内部控制的弱化。目前，内部控制逐渐受到了国家和企业的广泛关注。

2010年4月26日，财政部、证监会、审计署、银监会、保监会联合发布了《企业内部控制配套指引》，它连同此前发布的《企业内部控制基本规范》，标志着适应我国企业实际情况、融合国际先进经验的中国企业内部控制规范体系基本建成。为确保企业内控规范体系的平稳、顺利实施，财政部等五部门制定了实施时间表：自2011年1月1日起首先在境内外同时上市的企业施行，自2012年1月1日起扩大到在上海证券交易所、深圳证券交易所主板上市的企业施行；在此基础上，择机在中小板和创业板上市企业施行；同时，鼓励非上市大中型企业提前执行。

内部控制制度的重点是，对财务与会计事务进行严格管理，设计出合理、有效的组织机构和职务分工，实施岗位责任分明的标准化业务处

理程序。按其作用范围,我们可以把内部控制制度大体分为两个方面:

(1) **内部管理控制**

内部管理控制涉及企业生产、技术、经营、管理的各部门、各层次和各环节,其目的是提高企业管理水平,确保企业经营目标和有关方针、政策的贯彻执行。例如,企业的内部人事管理、技术管理等,就属于内部管理控制。

(2) **内部会计控制**

内部会计控制涉及会计方面的各项业务,主要是指企业为了防止侵吞财物和其他违法行为的发生,以及保护财产安全所制定的各种会计处理程序和控制措施。例如,每月由无权经管现金和签发支票的第三者编制银行存款调节表,就是一种内部会计控制。通过这种控制,企业可以提高现金交易的会计业务、会计记录和会计报表的可靠性。

但综合来看,一个企业的经济运营活动脱离不开采购、付款、销售、收款、筹资、投资、成本计算等常规会计业务,因此证监会发审委在 IPO 审查中,会特别关注内部会计控制情况。所以,总经理们特别注意企业的内部会计控制情况,掌握内部会计控制的内容和方法。

如图 5-7 所示,内部会计控制涵盖的主要内容有:货币资金控制、实物资产控制、对外投资控制、筹资控制、采购与付款控制、销售与收款控制、工程项目控制、成本费用控制、担保控制、关联交易控制和审计控制等。

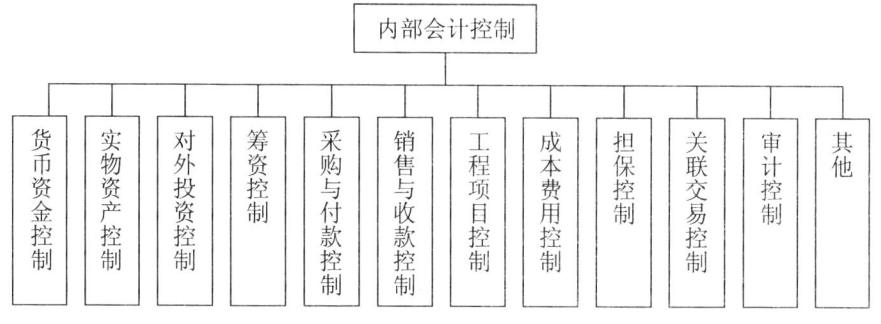

图 5-7 内部会计控制图

①货币资金控制。货币资金是企业流动性最强的资产，稍有疏忽，就容易出现流失，因此对货币资金的控制对企业而言具有非常重要的意义。在控制过程中，企业可运用不相容职务相互分离、授权批准、会计系统等控制方法，对收入、保管、支付等过程中的关键控制点进行严格规范，最终使与货币资金相关的不相容岗位得到合理分离，相关机构和人员可以相互牵制，货币资金的支付和保管都有严格的授权审批保证，以及货币资金的处理过程在会计系统里记录完整。

②实物资产控制。实物资产是内部控制的主要对象和内容。为加强实物资产控制，企业可从实物资产的取得、保管、领用、发出、盘点、处理等环节中找出关键控制点，采用授权批准、建立实务资产管理岗位责任制以使会计记录与实物资产的接触相互分离和制约、非实物资产保管人员无权领发实物等一系列控制方法，防止资产的被盗、偷拿、毁损和流失。

③对外投资控制。对外投资是企业经营过程中的特殊扩张业务。随着市场经济的完善和发展，企业对外投资也日趋增加。但是，如果对外投资的控制措施不力或不得当，一旦造成损失，后果非常严重，甚至无可挽回。企业对外投资控制的重点是建立规范的决策机制和程序，对于重大的对外投资决策实行集体审议联签制度，建立重大投资决策的责任制，致力于减少投资风险，着重加强投资项目立项、评估、决策、实施、投资处置等环节的控制。

④筹资控制。一些企业往往重视对外投资等资金支出的管理和控制，却忽视或相对弱化对筹资的控制，这是非常错误和有害的行为。因为，筹资的时机或方式选择不当，一方面会加大资本成本，另一方面可能会延误投资时机。在实际工作中，由于忽视对筹资环节的控制，结果造成重大损失或浪费的事例经常发生。企业筹资控制的重点在于，合理确定筹资规模和结构，选择恰当的筹资方式，尽可能地降低资金成本，严格防范和控制财务风险，并确保筹措资金的投向合理，使用有效。

⑤采购与付款控制。采购与付款业务是企业重要的业务循环之一，

它往往发生频繁，且涉及的部门和环节也较多。所以，各企业应当根据各自的实际业务情况，合理设置并规划采购与付款业务的机构和岗位，建立和完善采购与付款的会计控制程序，重点加强对请购、审批、合同订立、采购、验收、付款等环节的控制。

⑥销售与收款控制。销售与收款业务和采购与付款业务类似，也是发生频繁，环节复杂。除此之外，销售与收款涉及企业的销售政策。在当今市场竞争日益激烈的情况下，制订合适的销售政策，是企业增加收入的重要途径。因此，为了有效控制销售与收款，企业应制定定价原则、信用标准和条件、收款方式等销售政策，明确销售机构和人员的职责权限，加强合同订立、商品发出和账款回收的控制，防范销售过程中的舞弊行为，避免或减少坏账损失。

⑦工程项目控制。工程项目是较为复杂的大型投资项目，它不但耗资大，而且具有很强的技术性，并涉及施工、质量监理等方方面面，控制方面稍有差错就可能造成巨大的损失。为了加强对工程项目的控制，企业除了要规范工程项目决策程序和责任制度外，要重点做好对工程项目预算、招投标、质量管理等环节的控制工作，防止决策失误及工程发包、承包、施工、验收等过程中的舞弊行为。

⑧成本费用控制。成本费用控制效果如何直接关系到企业经济效益的好坏，各企业应充分重视对成本费用的控制，要通过建立成本费用控制系统、实行预算管理、制订成本费用标准、分解成本费用指标、控制成本费用差异、考核指标完成情况、兑现奖惩等措施降低成本费用，提高企业的经济效益。

⑨担保控制。近几年，在一些企业，尤其是一些国有企业里，由于盲目对外提供担保而造成重大损失的情况十分突出。因此，加强对担保活动的控制非常必要。企业应当建立担保决策程序和责任制度，明确担保原则、担保标准和条件、担保责任等相关内容，加强对担保合同订立的管理，及时了解和掌握被担保人的经营和财务状况，防范潜在风险，避免或减少可能发生的损失。

⑩关联交易控制。关联交易控制的关键在于坚持诚实信用、平等、自愿、公平、公开、公允的原则,不损害企业及其他股东的利益。因此,企业在加强关联交易控制时,首先应明确关联交易审批、授权的权限,规定关联交易事项的审议程序和回避表决要求,然后及时更新关联方的名单,保证关联方名单的完整,最后在确定发生关联方交易时,仔细查阅关联方名单,审慎判断是否构成关联交易,如构成关联交易,则履行审批、报告义务。

⑪审计控制。企业应设立审计部对企业内部控制制度的建立和实施、财务信息的真实性和完整性等情况进行检查监督。审计部对审计委员会负责,定期向审计委员会报告工作。审计部应当保持独立性,不得置于财务部门的领导之下,或者与财务部门合署办公。

综上所述,内部会计控制的内容涉及范围很广,所以企业应在财政部制定实施的内部控制相关规范的框架下,结合自身的特点制定出符合本企业管理要求的内部控制制度体系。总体看来,无论企业的性质如何,业务规模有多大,总经理在内部会计控制问题上,应注意以下几点:

第一,记账人员与负责经济业务或会计事项的审批人员、经办人员、财物保管人员的职责权限应当明确,并相互分离,相互制约。

第二,对于重大对外投资、资产处置、资金调度和其他重要经济业务,应当明确其决策和执行程序,并体现相互监督、相互制约的要求。

第三,对会计资料的生成和审批程序作出具体规定,以保证会计资料真实、完整。

第四,对定期对账和财产清查的要求作出明确规定,以保证账证相符、账账相符、账表相符、账实相符。

第五,对会计资料定期进行内部审查的办法和程序作出规定。

第六,对内部会计控制制度的制定、执行、检查、奖惩等作出规定。

此外,总经理要保证,企业的董事会对内部控制的建立健全、有效实施及检查监督负责,董事会及其全体成员披露的内部控制信息应真实、准确、完整。

# 第五章 如何进行资本运作及制度设计

在了解了内部控制的基本概念和内容之后,我们继续关注中钢集团的案例。

**案例**

审计署发现,中钢集团财务管理最严重的问题是财务黑洞,而这黑洞源于中钢集团和山西中宇钢铁有限公司(以下简称中宇)的交易。调查显示,中宇对中钢集团欠款高达40亿元。

在交易时,中钢集团原本想借助中宇的矿产资源和钢铁产能来壮大自己,但事与愿违,中宇在钢铁生产方面根本没有优势可言。原来,中宇高炉中的很多设备都不配套,一直处于边生产边建设的状态,生产运营不佳和资金短缺形成了恶性循环:生产越不景气,资金就越短缺,资金越短缺,生产设备就越得不到正常维护,最终,设备不仅得不到维护,还超标运行,反而造成了生产成本的增加和严重的安全隐患,生产更加不景气了。

此外,中宇地处内陆,铁矿石资源匮乏,其生产所需的铁矿石几乎全部从连云港、天津港运入,毫无成本优势可言。而早在2006年4月,中宇的前身——山西宇晋,便因为虚开发票和隐瞒销售收入逃缴税款,被国家税务总局开出了超过11亿元的处罚。不仅如此,中宇还有多达52亿元、涉及1600多个债权人的债务。因此,与中宇合作,中钢集团从一开始就注定要被"套牢"。

但是,让所有人瞠目结舌的是,中钢集团对中宇存在的上述问题统统忽视。2007年5月,中钢集团毅然决定同中宇展开"全面合作"。实际上,中钢集团不仅完全控制了中宇,还几乎将它办成了自己的"全资子公司"。

在中宇经营不断亏损的情况下,更为离谱的是,中钢集团为"泼出去的牛奶而哭泣",决定继续投资以换取"未来的成功"。

【分析】事实证明,中钢集团的不断投入,只能换来不断的损失。那么,在与中宇的合作中,中钢集团的内部控制都存在着哪些问题呢?

第一,投资控制缺失。这主要表现在两个方面:

一方面,缺乏对投资风险的分析。中宇的前身——山西宇晋早在2006年就存在财务问题,这应该是用来判断是否建立合作关系的重要依据，而中钢集团的投资风险分析似乎淡化了这个问题。

另一方面，对投资过程中的风险控制不足。即便因对风险评价不足而进行了错误的投资，但在投资过程中的不断被套牢也应该为中钢集团敲响警钟，促使其采取相应的措施尽量降低损失。但是，恰恰相反，中钢集团的应对措施是不断地加大资金投入。

第二，资金控制存在漏洞。根据中钢集团内部财务管理规定，5000万元以上支出需要中钢总裁黄天文签字认可，而中钢集团与中宇的许多单笔支出恰恰都卡在了4900多万元。这说明，中钢集团资金制度的执行存在着严重漏洞。

第三，审计控制缺失。对于频繁将大额资金小额化，从而逃避审批的资金控制漏洞，一个完善的审计控制应该能够对此加以监督，并向上级反映。但是，中钢集团的审计监察部直接向管理层负责，因此内部审计的作用受到影响，在一定程度上导致审计控制的缺失。

## 2. 公司治理制度

在诸项公司制度中，公司治理制度是最为重要的一种，它是制衡各利益主体在公司内部权益的一种制度安排。其主要涉及的主体及主体之间的关系如图5-8所示。

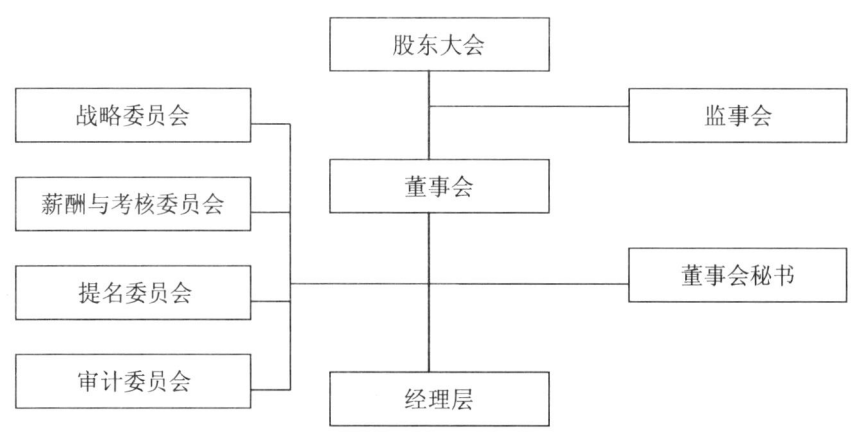

图5-8 公司治理结构图

股东大会是最高的权力机构，由全体股东组成，决定公司的大政方针。董事会是地位仅次于股东大会的常设决策机构，是公司战略的制定者，其成员由股东大会选举产生。董事会下设董事会秘书和专门委员会。董事会秘书需经过证券主管部门的考核方可持证上岗，主要负责董事会的会议记录、文件的保管与报送、信息的披露，以及公司章程和国家法律法规规定的其他事务。董事会下设四个专门委员会：战略委员会负责公司的长期战略和重大投资决策；薪酬考核委员会负责董事与经理层的薪酬与考核；提名委员会负责董事和经理层的选举；审计委员会，负责提议聘请或更换外部审计机构，监督公司的内部审计制度及实施，审查公司的内部控制制度等。监事会是公司的监督机关，由股东大会选举，并直接对股东大会负责。董事会选举产生经理层，在公司日常业务中，董事会行使决策权，而执行者是经理层。

公司治理制度是一系列制度规范的总称，涉及主体众多，表5-1便列举了公司治理制度所包含全部内容。

表5-1 公司治理制度一览表

| 编号 | 制度名称 |
| --- | --- |
| 1 | 章程 |
| 2 | 股东大会议事规则 |
| 3 | 董事会议事规则 |
| 4 | 董事会战略委员会议事规则 |
| 5 | 董事会薪酬与考核委员会议事规则 |
| 6 | 董事会提名委员会议事规则 |
| 7 | 董事会审计委员会议事规则 |
| 8 | 独立董事制度 |
| 9 | 监事会议事规则 |
| 10 | 总经理工作细则 |
| 11 | 董事会秘书工作细则 |
| 12 | 关联交易管理办法 |

续表

| 编号 | 制度名称 |
| --- | --- |
| 13 | 对外担保管理办法 |
| 14 | 对外投资管理办法 |
| 15 | 信息披露管理办法 |
| 16 | 重大信息内部报告制度 |
| 17 | 募集资金管理办法 |
| 18 | 投资者关系管理办法 |
| 19 | 董事、监事和高级管理人员所持本公司股份及其变动管理制度 |
| 20 | 规范与关联方资金往来管理制度 |
| 21 | 独立董事年报工作制度 |
| 22 | 董事会审计委员会年报工作规程 |
| 23 | 年报信息披露重大差错责任追究制度 |
| 24 | 内幕信息知情人登记备案制度 |

归纳起来，上述制度可分为六类：

第一类，章程（第1项）。

第二类，对股东大会的规定（第2项）。

第三类，对董事会和董事会秘书的规定，特别强调对独立董事和审计委员会的规定（第3~8项、第11项、第21项和第22项）。

第四类，对监事会行为的规定（第9项）。

第五类，对管理层行为的规定（第10项、第12~15项、第17项、第18项和第20项）。

第六类，对信息披露的规定（第16项、第23项）。

中国证监会、上海证券交易所和深圳证券交易所都对这些制度的设置制定了相关的规则，下面简单介绍公司治理制度的总则——公司章程。

公司章程是指公司依法制定的、规定公司名称、住所、经营范围、经营管理制度等重大事项的基本文件。公司章程是公司组织与行为的基本准则，对公司的成立和运营意义重大。拟上市公司应根据《公司法》、《证券法》和《上市公司章程指引》，制定公司章程。

一般情况下，《上市公司章程指引》规定了上市公司章程的基本内容，公司可以根据具体情况进行调整，但如果对《上市公司章程指引》作出修订时，则公司应当进行特别提示。制定公司章程时，总经理们应把握如下方面：

第一，如果发行涉及境外上市，那么公司应当执行《到境外上市公司章程必备条款》的规定，并结合《上市公司章程指引》修订章程。

第二，除了包含公司的名称和住所、经营范围、设立方式、公司股份总数、法定代表人等内容外，拟上市公司的章程应包含如下内容：

公司股东的权利和义务；

公司董事会的组成、职权、任期和议事规则；

公司监事会的组成、职权、任期和议事规则；

公司利润分配办法；

会计师事务所的聘任、公司财务会计制度和审计制度；

公司自身的股份收购办法、股份的转入；

公司合并、分立、增资、减资、解散和清算办法；

公司通知和公告办法。

## 3. 股权激励制度

在公司治理中，股东一方面通过董事会对管理层施以"大棒"——监督，另一方面又向管理层赠予"胡萝卜"——用股权激励激励管理层。股权激励是指通过让经营者获得公司股权的形式给予经营者一定的经济权利，使他们能够以股东的身份参与公司决策、分享利润和承担风险，从而使其勤勉尽责地为公司的长期发展服务的一种激励方法。

作为一种对公司高管和员工的长期薪酬激励制度，股票期权产生于20世纪中叶的美国。1952年，美国最高个人所得税边际税率高达92%。为了合理避税，美国辉瑞公司首先尝试推出了面向公司全体员工的股票期权，这一举措开创了股票期权激励制度的先河。而20世纪60年代美国硅谷的崛起，便得益于此。20世纪70年代后，美国政府在政策上对股权激励进行了更进一步的支持和引导，陆续出台了许多与股票期权激励制度相关的法规，股票期权激励制度得到了更大的发展。

而在我国，因为2005年以前的《公司法》禁止公司回购本公司的股票，使得股权激励的股票来源受到了限制。2005年12月31日，证监会颁布了《上市公司股权激励管理办法（暂行）》。在该管理办法的指引下，股权激励有所进展。另外，针对国有企业，国资委和财政部又颁布了《国有控股上市公司（境外）实施股权激励试行办法》《国有控股上市公司（境内）实施股权激励试行办法》，对国有企业的股权激励作了进一步的规范。

**（1）股权激励的主要授权方式**

目前，股权激励主要有以下几种授予方式：

①业绩股票。年初的时候，公司先确定一个较为合理的业绩目标，如果激励对象在年末时达到了预定目标，则公司授予其一定数量的股票或提取一定的奖励基金为其购买公司股票。这种方式的缺点是，业绩股票的流通变现通常有时间和数量限制。

②股票期权。股票期权是指公司授予激励对象在规定时期内以事先确定的价格购买一定数量的本公司流通股票的权利。当然，激励对象也可以放弃这种权利。与业绩股票类似，股票期权的行权也有时间和数量限制，且行权时，激励对象需付出一定的现金。

③虚拟股票。使用该方式时，如果激励对象达到既定的业绩目标，则公司授予他一种虚拟的股票。拥有该虚拟股票，激励对象可以享受一定数量的分红权和股价升值收益，但却不拥有股票的所有权，相应地也没有表决权，更不能转让和出售股票。在激励对象离开企业时，激励自动失效。

④股票增值权。股票增值权是指，当达到既定的业绩目标时，被授

予股票增值权的激励对象拥有在公司股价上升时，通过行权获得相应数量的股价升值收益的一种权利。

⑤限制性股票。使用该方式时，激励对象被事先授予一定数量的来源及抛售有一些特殊限制公司股票，只有当激励对象完成特定目标后，才可抛售股票并从中获益。

⑥延期支付。延期支付是指公司为激励对象设计出一揽子薪酬收入计划，其中有一部分属于股权激励收入。股权激励收入不在当年发放，而是按公司股票公平市价折算成股票数量，在一定期限后，以公司股票形式或根据届时股票市值以现金方式支付给激励对象。

⑦管理层/员工持股。管理层/员工持股是指公司让激励对象持有一定数量的本公司股票，这些股票是公司无偿赠予激励对象的，或者是公司补贴激励对象购买的，抑或是激励对象自行出资购买的。激励对象在股票升值时可以受益，在股票贬值时受到损失。

**（2）设计股权激励方案需要考虑的问题**

在确定了股权激励方式之后，总经理们在进行股权激励方案设计时，主要考虑如下几个方面：

①授予价格。根据证监会的相关规定，股权激励计划的授予价格不得低于股权激励计划草案摘要公布前1个交易日至前30个交易日内公司股票收盘价的较高者。

②激励条件。激励条件由公司根据自身的情况制定，其目的是使股权的授予能够与激励对象的真实努力程度紧密相连。具体操作中，总经理们可参考净利润增长率、ROE等会计指标，或股票收益率等市场指标。

③激励有效期。激励有效期包括行权限制期和行权有效期。行权限制期为股票期权自授权日至股权生效日（可行权日）止的期限。行权有效期由公司自己确定。

④激励对象。股权激励的目的是为了激励持股者，让他们也成为企业

的股东,关注企业的长期发展。因此,一般情况下,激励的对象应该是对企业长期发展最有价值的人,主要包括如下几类:

企业的董事、监事、总经理、副总经理、财务总监、董事会秘书;

公司的技术骨干,主要是核心技术人员;

由董事会确定的其他人员。

但是,有时候,股权的激励对象也可以是公司的全体职工。

⑤授予数量。授予数量必须在总股本10%范围以内,公司可根据实际情况自行确定授予比例,但是,对单个人的股权激励须不超过总股本的1%。

⑥股份来源。股份有以下几种来源:

股份回购,指从其他股东手中回购股份,并将其作为股权激励的股份来源;

控股股东或实际控制人的股份,有时候他们会将自己持有的股份作为股权激励的股份来源;

增资扩股,指将新发行股份留存作为股权激励的股份来源。

当然,股权激励制度设计还应在各相关法律、规章和制度的框架下进行。因此,在设计股权激励制度之前,总经理们还需要先了解我国相关政策的规定。

目前,我国针对上市公司股权激励的制度主要是《上市公司股权激励管理办法》,然后在此基础上,国家又针对国有控股公司的股权激励作了进一步的规定,相关的规章制度包括《国有控股公司(境外)股权激励试行办法》、《国有控股公司(境内)股权激励试行办法》和《关于规范国有控股上市公司实施股权激励制度有关问题的通知》。只有参照上市公司股权激励的相关制度规范,并把握住相关规定的精神,总经理们才能设计出好的股权激励方案。

下面,我们通过伊利股份股权激励制的案例,来进一步了解股权激励设计。

## 第五章 如何进行资本运作及制度设计

### 案 例

2006年12月28日,伊利股份第二次临时股东大会审议并通过了《关于中国证监会表示无异议后的〈内蒙古伊利实业集团股份有限公司股票期权激励计划〉的议案》。

该计划规定:伊利股份授予激励对象5000万份期权,每份期权可在授权日起8年内的可行权日以可行权价格(13.33元/股)和行权条件购买一股公司股票;自期权计划授权日一年后,满足行权条件的激励对象可以在可行权日行权。

根据计划,获授条件为激励对象未发生如下任一情形:最近3年内被证券交易所公开谴责或宣布为不适当人员;最近3年内因重大违法违规行为被中国证监会予以行政处罚;具有《中华人民共和国公司法》规定的不得担任公司董事、监事、高级管理人员的情形。

同时,计划还规定激励对象应分期行权,首期行权不得超过获授期权的25%,剩余获授期权,可以在首期行权的一年后、期权的有效期内自主行权。而行权条件为:首期行权时,伊利股份的净利润增长率不低于17%且上一年度主营业务收入增长率不低于20%;首期以后行权时,公司上一年度主营业务收入与2005年相比的复合增长率不低于15%。

【分析】我们来归纳一下伊利的股权激励计划:

第一,股权激励方式为股票期权。

第二,行权价格为13.33元/股。

第三,激励条件采用了会计指标,并规定:"首期行权时,伊利股份的净利润增长率不低于17%且上一年度主营业务收入增长率不低于20%;首期以后行权时,公司上一年度主营业务收入与2005年相比的复合增长率不低于15%。"

第四,激励有效期的行权限制期为1年,行权有效期为8年。

第五,激励对象为董事、监事和高级管理人员。

第六,授予数量为5000万份期权,占股权激励计划签署时公司股本总额51646.98万股的9.681%,恰恰卡在了证监会设定的10%的限额内。

上述股权激励计划中,激励条件是整个计划的焦点。其实,伊利股份的行权条件是非常宽松的,因为首期17%的净利润增长率甚至不及乳品行业的平均速度,而伊利股份在2006年之前的连续两年,净利润的增长率都在20%左右,主营业务收入的增长率更是在40%左右。而且,激励条件只有增长的百分比,而没有净利润或者主营业务收入的绝对数,这使得高管很容易通过降低基期的净利润和主营业务收入的绝对水平来增加未来的增长速度。所以,伊利股份的高管们可以轻而易举地获得股权激励。

总体而言,伊利股份的股票期权激励计划激励条件过于宽松,而且激励数量巨大,所以计划的激励性明显不足,反而容易使激励被高管用于满足自身的福利。

我们继续看伊利股份股权激励的案例。

**案 例**

轻而易举的,伊利股份2006年度的相关指标达到了行权条件,在2007年12月28日及以后可行权的数量为授予期权总数的25%。继而,2007年度相关指标也达到了行权条件,授予期权总数的其余75%可在2008年12月28日及以后行权。

伊利股份的高管们可以在首期股权激励行权1年后全部行权,也可以将股权激励费用在7年内逐步摊销。但是,伊利股份股权激励费用会计处理政策是对2006年度的损益进行追溯调整,摊销股权激励费用总数的25%,确认总额为1.85亿元,而2007年摊销剩余的75%,确认总额为5.54亿元,即伊利股份在2006年和2007年对股权激励总费用全部进行了确认,并没有将股权激励费用在7年内逐步摊销。最终,这导致伊利股份2007年度营业利润亏损971万元。

2008年1月31日,伊利股份公布了预亏公告。公告中称:伊利股份依据《企业会计准则第11号——股份支付》的相关规定,在2007年确认了公司股票期权激励的成本费用，导致公司当年营业利润亏损 971 万元。该业绩预亏公告公布之后，伊利股份迅速跌停。

【分析】伊利股份这么做的理由是什么呢？原因在于，2008 年中国的股市走出了牛市，跌入了熊市。如果伊利股份的高管行了权，而固定的行权价是 13.3 元/股，那么与当时的市场价格相比，伊利股份将付出过高的成本。同时，伊利股份的激励条件宽松，满足后续条件的可能性很大，而且只要某一年的净利润或主营业务水平降低，后续年份就很有可能获得很高的净利润增长率或主营业务增长率。所以，面对熊市，伊利股份的高管们需要通过调整股权费用的摊销年限来操控利润，将所有的股权激励费用在 2006 年和 2007 年进行全部确认，导致公司巨亏，以减轻公司未来的费用负担，使公司在未来能够轻装上阵，为自己在牛市或者未来行权获利作好准备。

因此，从整体上来说，伊利股份的高管激励方案是失败的，而失败的关键点就在于激励条件的设置过于宽松。所以，在一个股权激励方案中，激励条件的设定是非常重要的，股权激励方案能否真正起到激励的作用，很大程度就在于此。此外，与之相配合，激励方式、行权价格、激励有效期、激励对象、激励数量的设计都要经过深思熟虑。

## 4. 收购防御制度

收购是指通过收购股权或者收购资产达到控制其他企业的行为。收购有善意收购和恶意收购两种：善意收购是指收购和被收购双方达成协议，和平实现控制权的转移；恶意收购则是指在遭受被收购方反对的情况下，收购方仍然一意孤行，直接致函目标企业董事会，承诺高价收购该企业股票，要求董事会以股东利益为重接受收购方报价，而董事会出于责任把函件公布于全体股东，分散的股东往往会受优惠价格的诱惑迫使董事会接受报价，或者收购方先在市场上购买目标企业的股票达到 5% 后进行要约收购，然后再进一步增持股份。有恶意收购，就会有收购防御，收购防御正是企业为了防止被收购而采取的一系列措施。

因此，如果自身的控制权受到了危险，大多数企业的大股东会进行收购防御。根据收购防御发生时间的不同，收购防御制度设计可分为事前设计和事中设计。

(1) **事前收购防御制度设计**

事前收购防御制度设计主要体现在两个方面，一是对事前防御性股权结构设计，二是在公司章程中加入相关条款。

①事前防御性股权结构设计。事前防御性股权结构设计主要指事前建立合理的股权，将更多的股份集中在控股股东、兄弟企业或企业的管理层与员工手中。它具体又包括如下几种制度设计：

第一，企业创始人自我控制比例超过50%。在这种制度设计下，创始人绝对控制企业的股权，任凭收购方如何收购，终将无法绝对控制。

第二，与关联企业交叉持股。在这种制度设计下，股权在关联企业手中，使得目前的控股股东和关联方的股权相加也能在企业中处于实际控股的地位。

第三，把股份放在友好的企业或自然人手中。当企业面临恶意收购威胁时，他们可以施加援助。

第四，设计员工持股计划。这是基于分散股权的考虑而设计的，指企业将股票出售给自己的员工，使他们持有大量股份，为反收购提供安全防线，使收购者难以获得足够的控制权，以此来提高敌意收购者的收购难度。

②在公司章程的中加入相关条款。在公司章程中设置收购防御条款，也是企业针对潜在收购而采取的一种预防措施。章程中收购防御条款的实施，会导致收购成本的直接或间接增加，会在一定程度上迫使收购方望而却步，不再进行收购。一般，企业可在公司章程中加入如下相关条款：

第一，绝对多数条款。该条款一般规定，企业被收购必须取得2/3或80%以上，甚至90%以上的投票权才能进行。因此，如果在公司章程中设立了该条款，则意味着，企业的合并事项需要获得绝对多数股东的赞成，并且即使收购方收购了企业的大部分股票，试图修改或删除该条款时，其修改或删除也需要绝对多数的股东同意才能生效。因此，如果敌意收购者想获得具有绝对多数条款企业的控制权，通常需要持有目标企业很大比例的股权，这就在一定程度上增加了收购的成本和难度。

第二，公平价格条款。在该条款的规定下，企业面临被收购时，可制定一些可以接受的购买价格，而且这些价格都要经过股东批准，一旦报价低于该水平，收购就需要经过大部分股东（2/3 或 75% 以上）的同意。价格以企业股票交易的历史水平为基准，一般为过去 3~5 年的平均价格水平。这也无形中增加了收购方的收购成本。

第三，分类董事条款。在该条款的规定下，企业将董事会成员的任期分批交错安排，董事任期期限全部相同。这样一来，每一次股东年会都只有部分董事任期届满，股东年会只能改选这部分董事。因此，收购方即使取得了绝对股权控制，也无法在短期之内控制董事会，也就无法控制企业的经营。这一条款削弱了企业对收购方的吸引力。

第四，限制大股东表决权条款。在公司章程中加入限制股东表决权的条款，可限制收购者拥有过多权力。通常，限制表决权的办法有两种：其一，直接限制大股东的表决权，如当股东的股数超出一定数量时，就限制其表决权，或规定合几股为一票表决权，或规定每个股东表决权不得超过全体股东表决权的一定比例；其二，采取累计投票法，要求股东所持的每一股份拥有与待选董事总人数相等的投票权，股东既可用所有的投票权集中投票选举一人，也可分散投票选举数人，按得票多少依次决定董事入选，从而保证中小股东能选出自己的董事。

第五，更换注册地条款。按条款规定，企业在受到收购威胁时，可以考虑将企业的注册地更换至对收购防御限制更松的地点，这样一来，企业可采取更多的方法打击收购方。这个方法的使用需建立在不同注册地点的《公司法》不同的情况下，在我国的适应性较差，因为我国所有的企业都接受同一部《公司法》的规范。

第六,定时股东大会条款。如果在公司章程中加入该条款,则意味着,即使收购方收购了企业的大部分股权,收购方也无法通过立刻召开股东大会改组董事会的方式达到实际控制企业的目的。

**(2) 事中收购防御制度设计**

①一般性财务措施。一般性财务措施是指抓住企业吸引收购方的主要方面,通过财务方法将这些方面化解,以降低收购方的兴趣。

如图5-9所示,如果吸引对方的是低市盈率,那么企业可采取的措施是多发股利、回购股份等,多发股利可以增加股东对企业未来的经营预期,回购股份可减少市场上的股份流通数,从而提高股价,增加市盈率;如果吸引对方的是低举债,那么企业可以通过大肆举债,提高负债率,消除对方通过收购降低企业负债率的念头;如果吸引对方的是企业有大量的自由现金流,那么企业可以将大量现金流以发放股利的方式返回给股东,以减少自由现金流。

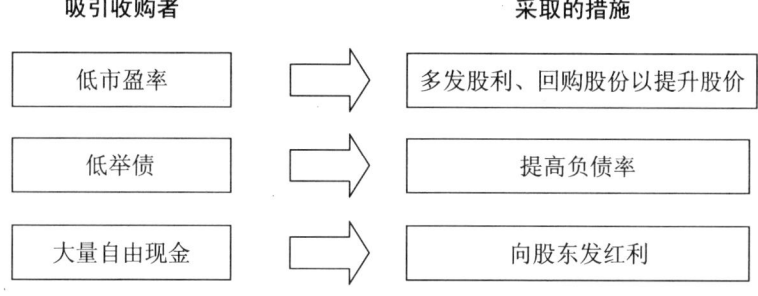

图5-9 并购防御的一般财务措施

②出售"皇冠明珠"。这是"焦土战术"的一种,指通过卖出对收购者最具有吸引力的企业资产,使收购丧失意义,从而阻扰收购行为的措施。

此外,企业还可以采用其他各种方式有意恶化企业的资产和经营业绩,以此降低自己在收购方眼中的价值。

③"降落伞"计划。这种方式是指,当企业面临被收购时,向高管或雇员发放大量现金,从而不仅能够补偿高管和雇员的损失,而且能够

减少企业的现金流。但这种方法也有值得争议之处，很多人认为这是"对失败者的补偿"，因为企业被收购，难辞其咎的首先是管理层，所以面临被收购时反而给管理层补偿，显得有些不合时宜。

具体而言，"降落伞"计划又有"金降落伞"计划、"银降落伞"计划和"锡降落伞"计划之分。"金降落伞"计划是指当企业由于收购、兼并等事项引起管理层变化时，包括CEO在内的企业原最高级管理者将得到一笔数目可观的补偿金。"银降落伞"计划和"锡降落伞"计划则是把补偿对象的范围扩大到了较低层次的管理者，甚至雇员身上。

④"白衣骑士"战略。"白衣骑士"战略是指企业为了避免被收购而自己寻找善意收购者的行为。在受到收购威胁时，企业可选择关系密切且有实力的企业，以更优惠的价格达成善意收购。一般情况下，"白衣骑士"战略能否成功在很大程度上取决于收购方的出价：如果收购者出价较低，企业被"白衣骑士"拯救的希望就大，因为拯救成本较低；若收购者出价较高，则"白衣骑士"的善意收购成本提高，企业获救的机会会相应减少。

⑤帕克曼防御术。这种方式源自流行于20世纪的帕克曼游戏。在游戏中，一方一旦受到攻击，就会对攻击方施以反击。引申在收购防御中，"帕克曼防御术"是指企业为挫败收购者的威胁进行反收购，大量购买收购者的普通股，以达到保卫自己的目的。

⑥绿色邮件政策。"绿色邮件政策"是指，企业以一定的溢价回购被收购者先期持有的股票，以直接的经济利益劝退收购者。同时，"绿色邮件政策"通常包含大宗股票持有人在一定期限内不准持有目标企业股票的约定。

⑦毒丸术。1982年，美国著名收购律师马丁·利普顿（Martin Lipton）提出了"毒丸术"，又叫"股权摊薄反收购措施"，成为目前收购防御中最常用的方法。其最初的形式是，被收购企业向普通股股东发行优先股，一旦企业被收购，股东持有的优先股就可以转换为一定数额的收购方股票，从而稀释收购方的权益，增加收购方的成本，阻挠收购方的

进一步收购。

在实际操作与运用中,收购防御制度的设计通常较为灵活,但要在国家法律允许的范围内进行。因此在设计前,先了解相关法律和制度的规定是非常必要的。我国的收购制度有如下几个层次:

国家法律(如《公司法》和《证券法》);

国务院相关部门的规章(如《股票发行与交易关联暂行条例》和《上市公司收购管理办法》);

各地政府制定的一些地方性法规。

但上述法律法规均未对反收购作直接规定,我们只能从相关条款中找到收购防御制度设计的零星依据。例如,《上市公司收购管理办法》中有些法规就间接涉及反收购,举例如下:

"被收购方的董事和独立董事应就收购事件和收购可能对公司产生的影响发表意见。"

"在控股股东和实际控制人转移控制权时,如果仍然存在未清偿的公司负债,或未解除的公司为其负债的担保,或其他损害公司利益的情况,董事会应要求控股股东和实际控制人提出确实可行的解决方案,维护公司和其他中小股东的利益。"

"被收购公司的董事会聘请独立的财务顾问咨询等专业机构,就要约条件是否公平等加以分析。"

下面我们通过盛大与新浪之间的博弈,来进一步加深对收购与收购防御的了解。

## 案 例

新浪是目前中国最具影响力的门户网站,而盛大是目前中国最大的网络游戏运营商,两家公司都注册于英属开曼群岛,并均在美国纳斯达克证券交易所上市。

2005年2月19日上午,在历时一个月、利用四家关联公司出手购股后,盛大在其网站及纳斯达克官方网站同时发布声明,称截至2月10日,已经通过公开交易市场购买了新浪19.5%的股权,并根据美国相关法律规定,向美国证券交易委员会(SEC)提交了《受益股权声明13-D》文件。盛大在文件中明确表示,此次购买新浪股票的目的是一次战略性投资,可能进一步"通过公开市场交易,以及私下交易或者正式要约收购和交换收购等方式"增持新浪股票,并"寻求获得或者影响新浪的控制权,可能手段包括派驻董事会代表"。

【分析】盛大对新浪的收购是一种敌意收购,因为它在收购前并没有与新浪沟通,而是在二级市场上利用四家关联公司对新浪进行收购,并在达到19.5%的股权后,根据美国的相关法律进行公示和向新浪发出要约。面对这样的敌意收购,实力不弱的新浪义无反顾地采用了收购防御战术。

### 案 例

针对盛大的敌意收购,新浪急聘摩根士丹利为财务顾问,并迅速制定了用以反收购的"毒丸计划"。该"毒丸"的技术细节如下:

第一,规定2005年3月7日记录在册的新浪股东的每一股股票,都能获得一份购股权,在购股权被触发以前,其依附于每股普通股票,不能单独交易。

第二,如果盛大继续增持新浪股票致使盛大所持有的股份比例超过20%,或有其他股东持股比例超过10%时,这个购股权将被触发。

第三,每个购股权可购买价值150美元的股票。

第四,如果盛大停止收购,新浪董事会就以极低的成本(每份购股权0.001美元或经调整的价格)赎回购股权。

新浪的"毒丸计划"毒性很烈,但是,它能否遏制住来势汹汹的盛大呢?

北京时间2005年2月22日深夜10点,新浪董事会抛出了这个毒丸计划。这意味着,一旦购股权被触发,除盛大以外的股东们,就可以凭借手中的购股权以半价购买新浪增发的股票。

2006年11月，盛大宣布出售其持有的370万股新浪股票，持股比例从19.5%下降到了11.4%。这说明，新浪的"毒丸"产生了效果，盛大放弃了对新浪的收购。

**【分析】**为什么盛大最终选择了放弃呢？

这是因为，根据"毒丸计划"，如果盛大继续增持新浪股票致使持股比例超过20%时，或有某个股东持股比例超过10%时，新浪的2005年3月7日记录在册的股东所持的每一股股票，都能获得一份购股权，它可以以当时股价的一半购买价值150美元的合并前的新浪股票。以2005年3月7日32美元/股的价格来计算，新浪股东可以购买9.375（150美元/16美元，其中，16为股价的一半）股。新浪当时的总股本为5048万股，除盛大所持的19.5%（984万股）外，能获得购股权的股数为4064万股。一旦触发购股权计划，那么新浪的总股本将变成43148万股。

$$43148 \text{万股} = 4064 \text{万股} \times 9.375 + 4064 \text{万股} + 984 \text{万股}$$

这样，盛大持有的984万股，原占总股本的19.5%，一经稀释，就降低到了2.28%。

$$2.28\% = 984 \text{万股}/43148 \text{万股} \times 100\%$$

这就是"毒丸"对稀释股权的巨大作用。面对毒性强烈的"毒丸"，盛大只好选择了放弃。

**【总结】**改制重组过程中的建章立制能为企业未来的成功运营打下良好的基础。本章着重介绍了四种最重要的制度：

第一，内部控制制度。良好的内部控制制度可以起到保护财产、控制经营风险、实现经营目标的作用。总经理们在制定具体的内部控制制度时，可参照财政部等部委联合发布的《企业内部控制配套指引》和《企业内部控制基本规范》。

第二，公司治理制度。公司治理制度是一系列促使股东大会、监事会、董事会和公司管理层之间相互制衡的制度的总称，包括规范股东行为、监事会行为、董事会行为和管理层行为的一系列制度。制定该制度时，总经理们可参照证监会和证券交易所的相关规定。

第三，股权激励制度。股权激励是为了让管理层、员工与股东的长远利益一致，而将股权以一定形式授予他们的一种激励方式。在设计股权激励时，总经理们可根据企业的实际情况，结合相关的法律规定，选择合适的股权激励形式，设定合理的行权价格、激励有效期、激励条件、激励对象和激励数量。

第四，收购防御制度。收购防御制度是为了防止控股股东的控制权转移而对收购方的恶意收购行为采取的一系列措施。它分为事前防御制度和事中防御制度。总经理们可根据企业自身的需求，结合我国的法律环境，设计收购防御制度。

# 第六章
## 如何通过上市审批

你将在本章学到：
- 企业上市失败的主要原因
- 企业申报材料的技巧

关键词：上市审批  被否原因  申报材料

改制重组的完成意味着上市成功了一半,剩下的就是申报材料,等待审批的结果了。事实证明,因为僧多粥少,在经历了长期准备之后,仍然有很多企业被拒之门外。审批的结果并不是偶然的,而是取决于之前的一切准备过程。因此,在递交材料以前,梳理以往 IPO 被否的主要原因,并作为前车之鉴,对提高审核成功的概率将大有益处。

## 一、IPO 被否的主要原因

在经历了长期艰苦的上市准备后，最大的痛苦莫过于被拒之于股票市场的大门之外。事实上，每年申报 IPO 的企业中，大概有 10%～20% 被否。被否后，少部分企业选择了偃旗息鼓，但大部分企业在稍作喘息之后，选择了继续征战。只是，不少企业却三叩上市大门而不入，最终倒在了 IPO 长跑的终点线前。

为了避免悲剧的发生，为了不重蹈覆辙，企业的总经理们在提交上市申请资料之前，有必要了解一下证监会发审委否定企业上市申请的原因，然后将其作为 IPO 准备工作的检查要点，审核自己企业的准备工作是否充分。

那么，企业上市申请被否的原因都有哪些呢？我们来看看 2008～2010 年三年间证监会发审委否定企业上市申请的理由榜单。

### 1. 持续赢利能力和成长性问题

排在榜单第一位的是持续赢利能力和成长性问题。

**（1）缺乏持续赢利能力和成长性的表现**

持续赢利能力和成长性是企业质量的根本所在。近年来，这方面的问题已经成为了 IPO 的头号杀手。只有具有持续赢利能力的企业才是优质的企业，才能做成"百年老店"，才能在进入股票市场后真正起到优化资源配置的作用。

企业缺乏持续赢利能力和成长性主要表现在两个方面：

①企业本身。企业在行业内缺乏竞争力，地位微不足道，没有创造出自身的核心竞争力。这些企业，或没有持续的利润来源，收入朝不保夕；或没有突出的主业，利润来源于关联性不强的多项业务；或利润来自税收优惠和政府补贴，以及重大资产重组创造的非经常性损益。

②行业背景。企业处于夕阳行业，产业生命周期已经进入衰退期，产品技术已经成熟，连续创新趋于枯竭，市场趋于饱和状态，产品趋于同质性，竞争激烈，利润很薄。PC 行业就是一个很好的例子，这主要表现在：PC 行业基本上都是组装业务，处理器由英特尔公司操控了大部分市场；所有的零部件都可以从零部件供应商那里获得，零部件的生产技术已较为成熟；产品同质化严重，戴尔的 PC 和联想的 PC 对消费者而言，没有太大差别；竞争非常激烈，几大产商已进入现金周期争夺的时代；软件系统受到微软的垄断，PC 生产商的谈判余地非常小。所以，在认识现状之后，IBM 义无反顾地将整个 PC 业务卖给了联想。

总之，如果企业身处夕阳行业，自己又无核心竞争力，那么注定将在 IPO 征途中铩羽而归。

**(2) 证监会发审委的判断标准**

①经营模式、产品或服务的品种结构是否发生了重大变化。

### 案 例

2010 年 6 月 25 日，上海龙宇燃油股份有限公司（以下简称龙宇股份）IPO "过会"被否。龙宇股份前身为上海龙宇石化有限公司，该公司从 1997 年成立开始，一共进行了多次增资，并于 2008 年 9 月变更为上海龙宇燃油股份有限公司。

根据龙宇股份《招股说明书（申报稿）》所披露的信息，近年来，龙宇股份的营业收入和业务结构有如下变化：

在营业收入方面，2007 年至 2009 年，龙宇股份的营业收入分别是 32.46 亿元、44.27 亿元、37.21 亿元，所对应的净利润分别为 5158 万元、5235 万元、6601 万元，净利率分别为 1.59%、1.18%、1.77%。

在业务结构方面，龙宇股份的业务结构由批发向零售转移，其中，批发业务的占比逐年下降，而零售业务的逐年上升，并新拓展了水上加油业务，且计划通过 2~3 年的发展，使批发、零售、水上加油的业务各占 1/3 左右。

证监会发审委认为：龙宇股份的净利润率低于同期银行定期存款利

率，业务的获利能力较弱，而且公司主营业务在 2009 年发生了重大变化，会导致流动资产占用规模大幅上升。比如，燃料油库存规模增加导致的存货增加、信用期延长导致应收账款的增加等，会大幅降低存货周转率和应收账款周转率，从而导致流动资金占用规模大幅上升。

最终，证监会发审委以经营模式、产品或服务的品种结构发生了重大变化为由否定了龙宇股份的上市申请。

**【分析】**经营模式、产品或服务的品种结构是否发生了重大变化，是证监会发审委审核拟上市企业的一个重要关注点，所以企业在上市准备过程中，应尽量避免经营模式、产品或服务的品种结构发生重大变化。

②行业地位和行业环境。

**案 例**

2001 年，涟水县嘉诚化工有限公司整体变更为嘉诚化工股份有限公司（以下简称嘉诚化工），公司主要从事精细化学品的生产。公司的上市申请于 2010 年被证监会发审委否决了。而被否定的原因是，证监会发审委认为，和同行业企业相比，嘉诚化工规模较小，不具有竞争优势。

新疆宏泰矿业股份有限公司（以下简称宏泰矿业）的主营业务为铁矿采选和铁精粉的销售，兼营铜、金、银、钴、铅、锌等矿业的开发，是一家集勘探、采矿、选矿于一体的矿业开发企业。但宏泰矿业的上市申请在 2010 年 7 月也被否定了。其原因在于，证监会发审委认为，2007 年至 2009 年间，国际上的铁精粉价格持续出现重大波动，导致了国内铁精粉的价格波动幅度在 90% 以上，宏泰矿业的行业环境正发生变化，公司赢利的持续性难以为继，而且其主要客户为产能过剩的钢铁企业，国家对钢铁行业的宏观调控也对公司未来的经营产生了影响。

**【分析】**行业地位和行业环境，是证监会发审委审核拟上市企业的又一关注点。如果企业在行业中不处于领军地位，甚至不太突出，或者行业环境整体不太乐观，那么企业赢利的持续性将受到怀疑，上市也将受阻或失败。

③利润来源中非经常性部分的比重。

### 案例

2008年，北京四方继保自动化股份有限公司（以下简称四方继保）因为对税收优惠的严重依赖而遭受IPO申请被拒绝的命运。事隔两年之后，当企业再次递交IPO申请时，又因为同样的问题，再次被股票市场拒之门外。

该企业的《招股说明书（申报稿）》显示：2007年至2009年，四方继保因软件销售获得的增值税退税金额分别为4087.37万元、4633.84万元和4459.76万元，占企业当期利润总额的比例分别为36.96%、32.85%和30.33%，占当期公司净利润的比例分别为39.22%、40.20%和35.10%。

这意味着，如果国家调整软件企业和高新技术企业的税收优惠政策，则四方继保的净利润和财务状况将受直接影响。于是，证监会发审委再次否定了四方继保的IPO申请。

【分析】一般认为，企业的主营业务和其他业务是企业持续的收入来源，而股权投资收益是通过资本运营获得的，营业外利润是偶发的，这些都归为非持续性的部分。案例中，四方继保获得的增值税退税便属于利润来源中的非经常性部分，完全受国家政策的影响，不能代表企业有持续的赢利能力。因此，毫无异议，证监会发审委再次否定了四方继保的IPO申请。

④在用的商标、专利、专有技术以及特许经营权等重要资产或技术的取得或使用存在重大不利变化的风险。

### 案例

在"万事俱备，只欠东风"的紧要关头，苏州恒久光电科技股份有限公司（以下简称苏州恒久）却因为深陷"专利门"事件而没能迎来在创业板上市的好日子。

苏州恒久是一家生产制造激光有机光导鼓的企业，号称是国内同行业中技术水平最高、自主创新能力最强、生产制造规模最大的龙头企业，是目前全球能够掌握激光有机光导鼓生产的核心技术并拥有专用设备系统集成能力的少数几家企业之一。苏州恒久的《招股说明书》中披露，该公司拥有5项专利技术。

就是这样一家优质企业，为何会在即将上市之际被枪毙了呢？

其原因在于，《招股说明书》和申报文件中披露的5项专利已经全部被终止了，专利的法律状态与事实不符。而在报告期内，苏州恒久全部产品的包装仍然在使用被终止的4项外观设计专利，同时，其50%的产品生产还在使用一项已被终止的实用新型专利。

【分析】在该案例中，苏州恒久因为专利的终止而导致了未来赢利持续性的不确定，最终被证监会发审委撤销其公开发行的决定。

此外，对于在创业板申请上市的企业，证监会发审委会特别关注其成长性问题。证监会发审委判断一个企业是否具有成长性的衡量标准如下：最近一期净利润不存在明显下滑的情形，即存在最近半年净利润高于上年度净利润50%，或前三季度高于上年度净利润75%的情况。

### 案例

深圳东方嘉盛商贸物流有限公司（以下简称东方嘉盛）是一家为不同客户设计并实施个性化的供应链管理集成解决方案的企业。其《招股说明书（申报稿）》中显示：2007年至2009年，企业的营业收入分别为74.42亿元、73.07亿元和85.31亿元。这远远高于创业板上市"近两年连续赢利，近两年净利润累计不少于1000万元且持续增长；或近一年赢利且净利润不少于500万元，近一年营业收入不少于5000万元，近两年营业收入增长率均不低于30%"的要求。

但是，东方嘉盛的上市申请被拒了，其主要原因就在于，企业在2008和2009年的营业收入增长率低于30%。

【分析】成长性存在问题是证监会发审委特别关注的一个要点，也是导致很多企业IPO失败的原因之一。发展才是硬道理，企业要想上市，首先应该发展自己，保持较高的增长率。

## 2. 独立性问题

排在榜单第二位的是独立性问题，而且在近期，它有超过持续赢利能力和成长性问题而跃居第一名的趋势。

企业的独立性可分为外在独立和内在独立两个方面。对外独立是指对外不依赖供应商和客户，以及核心技术不依赖于其他机构。对内独立是指企业对控股股东及其他关联方没有依附关系。因此，证监会发审委判断企业独立性存在问题的标准为：

（1）**对某些供应商和客户严重依赖**

**案 例**

东方嘉盛 IPO 被拒的原因除了成长性不足外，其对于大客户惠普有极强的依赖性也是一个重要的理由。东方嘉盛的《招股说明书》中披露：2007 年至 2010 年第二季度，企业从惠普取得的营业收入占到从十大客户取得的营业收入总额的 96.48%、95.60%、96.87%、92.92%。东方嘉盛的主营业务为供应链服务，市场基本处于完全竞争状态，而该企业主要营业收入来自于惠普，自身业绩的成长受制于惠普的生产、销售。因此，证监会发审委认为东方嘉盛的对外独立性存在着重大问题。

【分析】如果企业对单个或某几个供应商和客户严重依赖，那么，如果供应商和客户的经营情况或资信发生变化，企业将受到重大影响，从而间接影响企业的持续赢利能力和成长性。

（2）**核心技术的对外依赖**

核心技术通常是一个企业核心竞争力的来源。当企业的核心技术依赖于其他机构时，未来的经营将面临重大的不确定性，企业的外在独立性也将存在问题。

**案 例**

2010 年，与江西师范大学渊源颇深的江西西林科股份有限公司（以下简称西林科）冲击创业板上市，却折戟而归。西林科失败的原因在于，企业的核心技术——高性能 MMT 汽油抗爆添加剂与江西师范大学有着很深的渊源。事实上，该项技术是依托于江西师范大学申报的，数位核心人员也均是江西师范大学的教职工。

【分析】由此可见，证监会发审委有理由怀疑西林科的核心技术存在着技术独立性问题。

### （3）与股东等关联方之间存在着重大的关联交易和同业竞争

因为大股东或其他关联方有可能通过关联交易将利益从上市企业转移到自己身上，而同业竞争则会致使大股东或其他关联方损上市企业而养肥自己的企业，所以通常情况下，证监会发审委会将关联交易和同业竞争作为审核工作的重中之重。

各国立法均规定上市企业禁止同业竞争，我国也不例外。如果企业存在着同业竞争的嫌疑，那么唯一的后果就是上市申请被否。例如，海南天然橡胶产业集团股份有限公司（以下简称海南橡胶）以种植、加工、销售，以及橡胶林木的采伐和销售为主营业务，其控股股东海南农垦总公司也有橡胶林种植的业务，虽然海南农垦总公司不进行橡胶的加工和对外销售，但全部橡胶由海南橡胶来统一处理。所以，发审委认为两个公司之间存在着同业竞争，于是否定了海南橡胶的上市申请。

与同业竞争的绝对禁止不同，关联交易却是被允许的，但前提是它必须是公允的。在上一章的基础上，我们进一步介绍公允关联交易的两个判断原则。

①关联交易的占比。

标准一：以企业与控股股东及其关联方之间发生的业务收入占同期营业收入的比重来判断。

### 案 例

2009年，芜湖安得物流股份有限公司（以下简称安得物流）的上市申请被否定了。在上市的终点线前倒下的主要原因在于，在报告期内，安得物流与其控股股东的交易所产生的业务收入占同期营业收入的比重超过30%，而且关联交易产生的毛利额占总毛利的比重超过35%。

证监会发审委认为，安得物流与关联方之间存在着重大的关联交易，损害了企业的独立性。

【分析】一般情况下，企业与控股股东及其关联方之间发生的业务收入占同期营业收入的比重为20%是安全边际，占比在20%以下，企业的独立性基本不会受到证监会发审委的质疑，而一旦超过20%，企业就需要向证监会发审委作很多额外的解释，甚至IPO申请会被否定。而案例中，安得物流与其控股股东的交易所产生的业务收入占同期营业收入的比重超过30%，已经远远超过了警戒线。

标准二：以关联交易的金额占企业资产总规模的比例来判断。

除了对供应商的依赖外，关联方之间的担保也是安徽富煌钢构股份有限公司（以下简称富煌钢构）IPO被否的原因之一。其《招股说明书》显示，从2008年以来，富煌钢构与关联股东之间发生的担保金额高达2亿元，担保金额已达资产总额的20%，这严重影响到企业的未来经营。

②关联交易的定价。关联交易定价是否公允，也是判断关联交易是否对企业未来造成影响的原则之一。那么，如何判断关联交易定价是否公允呢？具体有如下几个标准：

标准一：如果存在同类产品的活跃市场，则以活跃市场的定价为标准。

标准二：如果同类产品不存在活跃市场，则以相类似产品的定价为标准。

标准三：如果上述两种标准皆不可行，则以一定的方法计算其价格。例如，我们可以采用成本加成法，其计算公式为：

价格 =（单位原材料 + 单位人工 + 单位制造费用）×（1 + 毛利率）

### 案 例

西安隆基硅材料股份有限公司（以下简称西安隆基）是一家生产6英寸和8英寸的单晶硅棒、单晶硅片，同时提供单晶硅棒的来料加工服务和太阳能级多晶硅料的分选、清洗、高纯化处理服务的企业。在2010年的上市征途中，该企业最终未能迈过最后一道门槛，其原因为：一方面，在报告期内，企业与关联方无锡尚德太阳能电力有限公司（以下简称无锡尚德）和洛阳尚德太阳能电力有限公司（以下简称洛阳尚德）之间进行了大量的关联交易，但由于无锡尚德及其关联方和客户签订了保密协议，无法披露它们向第三方采购的价格,因此上述关联交易的定价是否合理无法获得;另一方面,虽然企业在报告期内的净利润和毛利率高于同行业,但利润的主要来源是一份延期执行的与洛阳尚德和展丰能源技术(上海)有限公司(以下简称展丰能源)的单晶硅片的关联合同,该关联合同累计金额为1.564亿元,执行价大约为48元/片,而2009年6月单晶硅片市场价格为17.8元/片,因此合同价格远远高于市场价格。

【分析】案例中,因为无锡尚德及其关联方和客户签订了保密协议,无法披露它们向第三方采购的价格,致使证监会发审委无法对关联方交易的定价进行公允性判断。同时,西安隆基与洛阳尚德和展丰能源的单晶硅片的关联合同的价格远远高于市场价格,参照标准一,证监会发审委据此判断西安隆基的关联交易定价不公允。

## 3. 发行人主体资格问题

相关法律要求,公开发行股票的企业必须是一个合法设立、有效存续的股份有限公司。这就是说,如果申请上市的企业出现股东出资存在瑕疵、股权不完整、股权变动不合理、在报告期内实际控制人和高管团队不稳定等情况,那么该企业就不具有合法的发行人主体资格。上述条件也构成了发行人主体资格的判断标准,下面我们分别讨论上述判断标准。

### (1)股东出资存在瑕疵

海南橡胶IPO申请被否定,除了同业竞争的原因外,另一个原因是股东出资存在瑕疵。

原来,海南天然橡胶成立于2005年,但是直到2010年,控股股东海南农垦总公司承诺作价入股的林木资产中约10万亩林木资产的权属证书仍然未办理完毕。

由此可见,出资不存在瑕疵的标准是:发行人的注册资本已足额缴纳,发起人或者股东用作出资资产的财产权转移手续已办理完毕。除了海南橡胶的控股股东海南农垦总公司财产所有权未转移,也就是未实际交付的情况外，出资的实物资产没有经过资产评估也是出资存在瑕疵的表现之一。

(2) 股权不完整

如果企业的股权清晰，控股股东和受控股股东、实际控制人支配的股东持有的股份不存在或不可能存在重大权属纠纷，那么企业的股权就是完整的。这意味着，在申报上市材料时，所有的股东，不仅包括直接持股的股东，而且包括间接持股的股东都要清晰显示出来。这具体表现在：

①股东人数不超过200人。《公司法》第七十九条规定："设立股份有限公司，应当有2人以上200人以下为发起人，其中须有半数以上的发起人在中国境内有住所。"

②股东之间没有权属纠纷。

**案 例**

股权结构复杂是宏昌电子材料股份有限公司（以下简称宏昌电子）IPO折戟的主要原因之一。宏昌电子是少数在A股市场申请IPO的台资控股企业，其控股股东为Grace Electronics，而Grace Electronic为宏仁集团100%控制的子公司，故而，宏昌电子的终极控制人应为宏仁集团的股东。

宏昌电子的《招股说明书》显示，宏仁集团的股东为316个自然人，而且大部分为非中国常住居民。此外，持有公司股份的其他股东（江阴新理念、深圳德道、汇丽创建、深圳达晨、北京中经、深圳正通等）的股东人数，在《招股说明书》中也未详尽披露。据统计，这些股东的股东人数也都在300人以上。

【分析】宏昌电子的终极控制人为宏仁集团的股东，而宏仁集团的股东为316个自然人，这已间接违反了《公司法》相关的规定。而持有公司股份的其他股东的股东人数也都在300人以上，这也同样违背了《公司法》中有关设立股份有限公司的规定。所以，宏昌电子的股权结构复杂，最终导致其IPO失败。

### (3) 股权变动不合理

IPO 材料中，除了股东关系要清晰外，股权的历史变动也要非常清晰，因为一旦股权变动的历史存在问题，也将对企业未来的经营造成影响。股权变动包括股东之间的股权转让，也包括引入新股东的增资扩股。股权变动是否合理具体表现在以下两个方面：

①股权转让的价格和引入新股东的增资扩股的定价是否合理。

②股权的受让方和通过增资扩股进入的新股东获得股份的资金来源是否合理。

**案 例**

安徽省巢湖市菱镁制品厂在 1997 年改制为安徽省巢湖市富煌轻型建材有限责任公司，后又在 2007 年更名为安徽富煌建设有限责任公司（以下简称富煌建设）。富煌建设是富煌钢构股份有限公司（以下简称富煌钢构）的控股股东。富煌建设的《招股说明书》显示其股权变更的历史如下：

截至 1997 年 7 月 31 日，原巢湖市菱镁制品厂总资产 1807.76 万元、负债 398.09 万元、净资产 1409.67 万元，折合 650 万元镇集体股、751.67 万元企业集体股、8 万元法人股。1997 年 12 月，巢湖市居巢区黄麓镇政府同意将该公司镇集体股、企业集体股和法人股全部转让给法定代表人杨俊斌，转让价格为 150 万元，折 0.23 元/股，而当时的每股净资产为 2.17 元/股。（《招股说明书》未披露杨俊斌出资的验资。）

1999 年 4 月 16 日，富煌建设持有与轻型钢结构业务相关的净资产 1691.37 万元，与安徽省巢湖水泥厂等 6 家企业共同发起设立安徽巢东水泥股份有限公司（以下简称巢东股份），该公司后来在上海证券交易所上市，股票代码为 600318。

2003 年 2 月 26 日，富煌建设与巢东股份控股股东安徽巢东水泥集团有限责任公司（下称巢东集团）协议约定将其持有的巢东股份 1151.61 万股社会法人股全部转让给巢东集团，之后巢东股份将其轻钢分厂整体转让给富煌建设。轻钢分厂整体就是后来富煌建设欲上市的部分——富煌钢构。

**【分析】**上述案例中,存在着如下致命问题:

第一,拟上市公司的控股股东的股权转让定价不合理,杨俊斌受让的集体资产价格远远低于当时的每股净资产。

第二,出资来源不清,杨俊斌出资的资金来源没有经过验资。

第三,拟上市部分的资产其实已经在若干年前上市过一次,而且该拟上市部分的股权转让属重大关联交易,其定价的合理性无法确定。

### (4) 实际控制人和高管团队的不稳定

根据相关要求,中小板上市前3年,实际控制人不能发生变更,董事、高级管理人员也不能发生重大变化;创业板上市前2年,实际控制人不能发生变更,董事、高级管理人员也不能发生重大变化。因为,实际控制人的变更会导致企业的产权不稳定,董事和高级管理人员的不稳定会对经营产生一定的影响。

在此需要注意的是,实际控制人不仅限于拟上市企业的直接股东,还包括股东的股东,应一直追溯到国资委或者自然人。我们先看一个由于控制权稳定性存在问题而上市申请被否的企业的案例。

**案 例**

2002年12月,福建智胜化工股份有限公司(以下简称智胜化工)由一个国有企业改制转为民营企业。企业的控股股东是智胜投资,而智胜投资的股权非常分散,其中5名自然人(一致行动人)合计持有智胜投资23.5462%的股份,是其实际控制人。其中,法定代表人是林宇光,他对智胜投资的持股比例仅为6.2269%。

智胜化工在《招股说明书》中表示,其86名自然人股东中,人均持股仅占总股本的0.89%,上述5名一致行动人集中在一起就可实现相对控股。但是证监会发审委认为,智胜化工的控制权稳定性存在着一定的风险,主要表现在两个方面:

第一,实际控制人持股比例太低,无法保证智胜化工控制权的稳定。

第二,智胜化工无法保证五名自然人的行动的一致性。

**【分析】**由此可见,实际控制人控制权是否稳定直接影响IPO"过会"的通过率。另外，上市报告期内的董事和高级管理人员是否保持稳定也会对IPO能否顺利"过会"造成一定的影响。中国第二重型机械集团重型装备股份有限公司（以下简称二重集团）在2008年第一次上市冲刺中就倒下了，而董事变更便是其中一个重要原因。

### 案例

2008年4月24日，二重集团的IPO申请未获批准，被否原因之一是公司董事在报告期内出现重大变化。

原来，二重集团在2006年1月选举了10名董事，后在2007年9月改选了5名董事，组成了新一届董事会，同年11月又增选了4名独立董事，而这9名董事中仅有2名是前届董事。

【分析】案例中，二重集团的董事会在2007年9月出现了50%的变更，11月又扩大了40%，这都属于董事的重大变更，这与上市前3年应保持董事稳定的相关规定矛盾，并最终导致IPO被否。一般情况下，在上市之前的3年或2年时间内，企业应将董事和高级管理人员的变更程度控制在30%以内。

## 4. 募集资金用途问题

目前，IPO超募已成为我国资本市场一个较为严重的问题。因此，对募集资金的审核也就成了证监会发审委关注的主要问题之一，而募集资金的用途问题也成了IPO申请被否的重要原因之一。募集资金的用途存在问题主要表现在以下三个方面：

（1）**融资缺乏必要性**

《首次公开发行股票并上市管理办法》第三十九条规定："募集资金数额和投资项目应当与发行人现有生产经营规模、财务状况、技术水平和管理能力等相适应。"也就是说，如果你不缺钱的话，那么上市就是毫无必要的。

## 案 例

杭州先临三维科技股份有限公司（以下简称先临三维）是一家从事研发非接触三维成像技术并将之实现产业化应用的公司。2010年4月，该公司上市申请被否，而被否的重要原因之一，正是资产负债率过低。

先临三维的《招股说明书》中披露："在2007年至2009年三年时间里，公司的资产负债率整体呈下降趋势，分别为14.85%、11.66%、12.12%。"

证监会发审委认为，先临三维的资产负债率连续三年低于15%，并整体呈下降趋势，其完全可以依靠自身的现金流量来满足经营性现金流量的需求，公司整体融资必要性欠缺。

最终，证监会发审委否定了先临三维的IPO申请。

【分析】先临三维的资产负债率连续三年低于15%，也就是说，其大部分资金来源为股东的投入和公司经营的累积。这就意味着，先临三维本身的资金充裕，完全可以靠自己的现金流来满足投资项目的需求，上市融资缺乏必要性，而如果上市获得了融资，就有可能出现资金闲置的问题，造成资金资源的浪费。

一般来说，我们可以用下面两个标准来判断募集资金是否存在必要性：

①资产负债率是否超过30%。当然，这一标准也不是绝对的，还应结合具体行业，如房地产行业的资产负债率判断标准甚至在60%以上。

②货币资金和应收账款的金额。如果企业存在着大量闲置的货币资金和金额巨大的应收账款，那么企业完全可以通过自有货币资金或回收应收账款来满足资金的需求，而无需IPO。

### 知识链接

资产负债率是负债占所有资产的比例。其计算公示为：

$$资产负债率 = \frac{负债}{资产} \times 100\%$$

### （2）募集资金无明确使用方向

有一些企业，通过 IPO 获得了大量的资金，但又没有明确的投资用途，使得这些资金在 IPO 若干年后只能用于补充流动资金。

例如，2010 年 7 月 8 日，深圳市实益达科技股份有限公司召开了第二届董事会第十五次会议，审议并通过了《关于部分募集资金永久补充流动资金的议案》，拟将募集资金 10 990.28 万元永久补充流动资金。而这笔资金是该公司在 2007 年 6 月 IPO 时所募资金的一部分，当时，公司首次募集资金净额为 32 408.92 万元。因此，该公司募集资金中用于补充流动资金的部分占到了所有募集资金的 34%，是一个很高的比例。

### （3）募集资金投资项目没有明确的前景

《首次公开发行股票并上市管理办法》第四十一条规定："发行人董事会应当对募集资金投资项目的可行性进行认真分析，确信投资项目具有较好的市场前景和盈利能力，有效防范投资风险，提高募集资金使用效益。"

即使企业有明确的投资项目，但如果投资项目无赢利前景，也会影响到企业赢利的持续性，从而使企业募集资金变得毫无意义。所以，投资项目无明确的赢利前景也成了证监会发审委否定 IPO 申请的重要原因之一。

一般而言，投资前景具体表现在两个方面：

①符合政策导向。我们以四川龙蟒钛业股份有限公司（以下简称龙蟒钛业）的例子来说明这个问题。

**案 例**

龙蟒钛业主营业务为钛白粉的生产和销售。近年来，虽然钛白粉的主要制作原料——硫酸与钛精矿的价格回落和钛白粉的价格平稳使得公司有较好的业绩前景，但龙蟒钛业采用硫酸法制造钛白粉，与国家"鼓励发展氯化法钛白粉生产工艺，限制发展硫酸法钛白粉生产工艺"的产业政策相悖。因此，龙蟒钛业在 2009 年 IPO 申请时未获通过。

②募集资金投资项目具有较好的赢利前景。关于这一点,浙江康乐药业股份有限公司(以下简称康乐药业)的 IPO 被否就是一个很好的例子。

### 案 例

康乐药业的主营业务为化学原料药及化学制剂的研发、生产与销售,专注于解热镇痛类原料药和大输液制剂的出口。

2010 年,康乐药业申请上市,其募集资金的主要投资项目为滨海制剂厂的塑料瓶大输液生产线。该公司《招股说明书》中披露的资料还显示,该投资项目已取得了一定的进展,具体表现在:滨海制剂厂的塑料瓶大输液生产线已经建成,并取得了 GMP 认证;软袋大输液生产线已建成,并完成了稳定性试验,但接下来需进行包材注册、更换包材的药品注册以及生产线的 GMP 认证;玻璃瓶大输液、小容量注射剂(中小针剂)、普通口服固体制剂、头孢口服固体制剂等生产线目前在建,建成后也需要取得 GMP 认证。

证监会发审委认为:募集资金投资项目滨海制剂厂相关生产线建成后可能需要很长时间才能通过美国 FDA 和 GMP 认证,而且 FDA 和 GMP 的认证要求都非常高,很可能影响公司制剂业务相关建设的按时完成和项目实施的效果。最终,证监会发审委否定了康乐药业的上市申请。

【分析】案例中,募集资金投资项目的不确定性是康乐药业申请上市失败的主要原因,因为这会直接影响募集资金投资项目的赢利前景。

## 5. 信息披露问题

《首次公开发行股票并上市管理办法》第四条规定:"发行人依法披露的信息,必须真实、准确、完整,不得有虚假记载、误导性陈述或者重大遗漏。"

信息披露,特别是会计信息披露,在一定程度上能够消除申请发行人和投资者及潜在投资者之间的信息不对称,进而对投资者及潜在投资者的决策行为产生重大影响,所以信息披露的合理与否也是 IPO 过程中证监会发审委的关注点之一。一般情况下,证监会发审委重点关注的三大问题是:信息的虚假记载、重大遗漏和误导性陈述。

(1) **虚假记载**

虚假记载是指公开披露的信息与企业的实际情况不符。关于这一点,我们以珠海元盛电子科技股份有限公司(以下简称元盛电子)的案例来说明。

**案 例**

元盛电子是一家主要生产层挠性板及表面贴装、精密刚挠结合板的公司。2010年,元盛电子发出了上市申请,却被证监会发审委否决了,原因之一是公司的会计信息存在虚假记载。

根据其《招股说明书》,证监会发审委认为元盛电子存在着利润操纵痕迹,有强行迎合发审财务指标的嫌疑。原来,与2007年、2008年在正常经济状态下,元盛电子销售收入、利润及其赢利指标稳定的情形相比,在2009年金融危机下,公司的收入不降反升,增加了近20%,同时销售利润率增加了100%。

在《招股说明书》的管理分析与讨论中,元盛电子将上述状况解释为报告期内受产品销售价格变动的影响。发审委认为,产品销售价格将对同行业的公司产生共同影响,从而行业中的公司也应有相同的变化趋势,而在同一时期,同行业的其他公司基本处于业绩下滑的状态,所以这种解释不合理,并最终否定了元盛电子的上市申请。

【分析】案例中的现象就是典型的信息虚假记载。有些企业通过对报告期内的资产、负债、所有者权益、收入、费用或利润等作虚假陈述,如多计资产、所有者权益、收入或利润,少计负债或费用,从而使企业满足上市条件,增加IPO时的股票价格或达到其他目的。但是,证监会发审委也会重点审核这方面的问题,而信息的虚假记载也成了企业IPO被否的重要原因之一。

(2) **重大遗漏**

重大遗漏是指信息披露义务人在信息披露文件中,未将应当记载的事项完全记载或者仅记载部分。

### 案 例

在报告期内，深圳卓宝科技股份有限公司（以下简称卓宝科技）的子公司发生火灾并被有关单位处罚，但为了IPO申请能顺利通过证监会发审委的审查，该公司在最初的申报稿中隐瞒了这一事实，同时还隐瞒了部分合同纠纷。后来，相关知情人举报了此事，卓宝科技才作出了相关的披露和说明。但亡羊补牢，为时已晚，卓宝科技在2010年的IPO申请中折戟而归。

湖南胜景山河生物科技股份有限公司（以下简称胜景山河）在挂牌之际遭遇叫停，这已经是该公司二度向股票市场冲刺，却再次被拒之门外。关于该公司IPO被否的原因，证监会发审委的解释是：胜景山河的《招股说明书》没有对与一家主要客户的关联方关系和三家直销客户的采购情况进行披露，对一部分重要存货也没有获取充分、适当的审计证据。

【分析】上述案例中，两家公司犯了同一类错误，那就是发行人在招股说明书中忽略了对IPO不利的信息的披露，而这也最终导致它们IPO被否。

（3）误导性陈述

信息披露不合理的最后一类是误导性陈述。一般情况下，误导性陈述是指负有信息披露义务的相关主体在其公开的文件中或者通过媒体，作出误导市场投资者投资行为判断并产生重大影响的陈述。

## 6. 规范运作问题

规范运作强调的是企业要维持经营的稳定性，因此企业的经营不仅要合法合规，还要有健全的公司治理机制和良好的内部控制。企业只有规范运作，才能保证经营和赢利的持续性。

通常情况下，企业运作不规范有公司治理缺陷和内部控制缺陷这两大问题。下面，我们通过案例来进一步了解这两大问题的具体表现。

**（1）公司治理缺陷**

公司治理缺陷主要表现在两个方面：

①公司控制权过于集中。

**案例**

原计划在创业板上市的江西恒大高新技术股份有限公司（以下简称恒大高新）第一次闯关便失败了。IPO被否的原因在于，恒大高新是一个标准的家族企业，其实际控制人朱星河及其家族关联自然人合计持有公司发行前100%的股份，控制权过于集中，缺乏完善的公司治理结构。后来，公司设立了高管股权激励，引入了创业投资公司，稀释了家族股权的作用，最终于2010年成功登陆中小板。

【分析】上述案例告诉我们，过于集中的控制权会对IPO成功的可能性造成影响。企业控股股东的持股比例过高或一股独大的存在会使企业在日后的经营中难以对控股股东的行为形成制衡，而在大股东侵害小股东的利益时，小股东的话语权很小。

②董事会独立性不足。公司治理结构缺陷的第二个表现是董事会的独立性不足。董事会是企业经营的决策中心，董事会的效率能够对企业的经营造成重大影响，而独立的董事会能够提高董事会的工作效率。因此，董事会的独立性也是证监会发审委在IPO审核过程中重点关注的问题。

通常情况下，董事会独立性有如下两个衡量标准：

第一，董事会中外部董事的比例。外部董事包括独立董事和外部非独立董事。董事会中外部董事的比例越高，意味着董事会成员由内部人兼任的比例就越小，董事会的独立性就越强。一般情况下，外部董事在董事会中的比例不应低于30%，否则，就意味着董事会独立性不足。

第二，董事会主席是否由CEO兼任。如果董事会主席由CEO兼任，那么意味着董事会在一定程度上会受到企业高管的控制，董事会的独立性将受到影响。

### （2）内部控制缺陷

《首次公开发行股票并上市管理办法》第二十四条规定："发行人的内部控制制度健全且被有效执行，能够合理保证财务报告的可靠性、生产经营的合法性、营运的效率与效果。"

内部控制主要是对企业财务制度的规范，其有效性是企业规范运行的一个部分。但是，目前仍有不少企业因为内部控制问题而被拒之于上市大门之外。

内部控制缺陷的表现主要有如下几个方面：

①会计核算基础薄弱。会计核算是内部控制的重要组成部分，内控是否合规和有效最终都会在会计核算结果中体现出来。因此，薄弱的会计核算基础最终会造成内部控制效果报告的扭曲。在上市申报过程中，会计核算基础方面的问题主要包括：

第一，会计准则的应用不合理。

**案例**

广东冠昊生物科技股份有限公司（以下简称冠昊生物）是一家从事再生医学材料及再生型医用植入器械的研发、生产及销售的公司。它冲击创业板失利的原因之一是，公司在 IPO 申报期间资本化的研发支出增长异常，而如果将这些资本化的研发支出费用化，即直接计入当期损益，则将极大减少公司的 IPO 业绩。如表 6-1 所示，研发支出费用化之后，冠昊生物 2007 年的净利润为负数，而 2008 年和 2009 年的净利润也极低。

表 6-1　冠昊生物的主要财务数据表　　　　单位：万元

| 年度 | 2007 年 | 2008 年 | 2009 年 |
| --- | --- | --- | --- |
| 资本化研发支出 | 420 | 1224 | 2262 |
| 净利润 | 281 | 1433 | 2693 |
| 研发支出费用化后的净利润 | -139 | 209 | 431 |

【分析】在案例中，冠昊生物将本该费用化的支出资本化，以达到调高利润的目的，这正是会计准则应用不合理的一个重要表现，也是证

监会发审委重点审核的一个重要方面。

第二，存在重大会计差错。

> **案例**
>
> 根据证监会发审委的决议，深圳脉山龙信息技术股份有限公司（以下简称脉山龙）因为会计处理中存在重大会计差错而IPO折戟。在2007年和2008年两年报告期内，脉山龙的主营业务收入分别为5424.65万元和9013.49万元，合并净利润分别为1219.44万元和1293.03万元。但这只是表面现象。证监会发审委认为，事实上，脉山龙在变更为股份公司后，公司的账务应作如下更正：应调减2007年度并计入2008年度主营业务收入1182.6万元，占当期主营业务收入的比例分别为21.8%、13.12%；应调减2007年度并计入2008年度净利润517.7万元，占当期净利润的比例分别为42.49%、40.06%。
>
> 根据上述调整，重新计算之后，脉山龙2007年的实际净利润为701.74万元，2008年公司的实际净利润为1810.73万元。
>
> 所以，证监会发审委认定脉山龙的账务存在重大会计差错，否定了它的IPO申请。

【分析】案例中，脉山龙在股份制改制后尚存在如此重大的会计差错，其会计核算基础不得不让人产生怀疑。这种擅自进行利润操纵的行为，只能导致企业的上市申请被否，而不能带来实际的利益。

②交易过程的漏洞。交易过程的漏洞包括企业在采购、销售和对外投资等活动中没有履行风险分析、授权、签订合同、执行合同等必要的程序。

> **案例**
>
> 北京福星晓程电子科技股份有限公司（以下简称福星晓程）是一家研发、销售具有自主知识产权的集成电路及电能表等产品的公司。其上市申请于2009年被证监会发审委否定了，而被否原因之一是公司在交易上存在内控缺陷。证监会发审委认为，报告期内，在未签订正式合同的情况下，福星晓程的子公司北京富根智能电表有限公司即向山西省电力局临汾供电公司大额发货，而与此同时，福星晓程又在朝鲜境内投资设立了平壤子公

司，但公司未按合营合同规定参与管理。

【分析】案例中，福星晓程在交易上存在内控缺陷，主要表现在两个方面：一是，销售未经授权和无合同依据；二是，未履行投资合同。这直接导致了它的上市申请被否。

③资金管理存在漏洞。货币资金是企业最重要的资产之一，资金管理贯穿企业经营的始终，而货币资金同时又是一项非常特殊的资产，具有高度的流动性，所以货币资金又是最容易被贪污、偷窃或挪用的资产。因此，货币资金的内部会计控制，对于保障企业资产的安全、完整，提高货币资金周转速度和使用效益，具有重要意义。

**案 例**

江苏玉龙钢管股份有限公司（以下简称玉龙钢管）的主营业务是焊接钢管的生产、销售。2010年，玉龙钢管全力冲击上市，却被证监会发审委否定了，而其被否的原因之一是资金管理存在漏洞。原来，玉龙钢管曾在报告期内开具了没有真实交易背景的银行承兑汇票，票据金额为5600万元，占该年应付票据发生额的6.85%。

【分析】如果玉龙钢管能够规范票据业务管理制度，且在经营中严格执行票据业务的授权和审批程序，那么，资金管理的漏洞完全可以补上，或许上市还能成功。

④对外担保不合理。控股股东及其他关联方之间可能会通过各种方法直接或间接占用企业的资金，而利用拟上市企业的资产对外担保就是一个典型的例子。所以，控制对外担保也是企业加强内部控制的一个重要方面。过度的对外担保，可能造成企业承担过度的或有负债，而在被担保方无法履行债务偿还的情况下，或有负债就会演变为真实的负债，从而给企业造成沉重的负担。

【总结】在这一节里，我们根据上市申请被否定的主要原因，归纳了中小企业在上市过程中存在的问题和各类问题的表现。这些问题具体包括：持续赢利能力和成长性问题、独立性问题、发行人主体资格问题、募集资金的用途问题、信息披露问题和规范运作问题。总经理们应该引以为戒，使自己的企业在上市过程中避免类似的问题发生，让企业在上市之路上走到终点，笑到最后。

# 二、申报材料有技巧

在了解了上市被否的主要原因之后，接下来的关键环节就要在上市过程中抓住重点，解决上一节所列举的主要问题，向证监会发审委报送一份令自己满意，也令他人满意的申报材料。而这些问题中，有的需要企业继续苦练内功和付出长时间的努力，如企业所处的行业状态和在行业之中的竞争力，而有的则可以通过一些技巧加以避免。在本节中，我们将侧重于后者的探讨。

## 1. 经营预期良好

上市企业肩负着有效配置社会资源的使命，而只有优质的企业才能完成这个艰巨的任务，因此在理论上，能够上市的企业一定是那些好企业。那么，如何判断企业的质地呢？首先应该看企业的经营预期。企业是一个持续经营的实体，投资者看中的是企业未来的经营。因此，作为总经理，你可以通过如下几个方面向审核机构和投资者表明自己的企业具有良好的经营前景。

（1）主业稳定、突出

主营业务是企业持续业绩的最重要源泉，主营业务的稳定、突出直接决定了企业未来3~5年的成长性和活力。例如，在大家的眼中，中国高科是一家由多家大学发起并组建的绩优企业，但是它也曾经因主业不突出而异常苦恼，甚至有一段时间还陷入了经营困境，而正是将生物技术确立为主业后，企业才真正走出了困境。

除了主业突出外，主业在过去一段时间内，特别是上市申请前3年内保持稳定也是非常重要的。主业一旦发生转变，可能涉及经营模式的转变、资源的调整，使经营面临重大的风险，从而致使投资者蒙受损失。

因此，改制过程中主业的突出、稳定是保证企业具有良好经营预期的首要因素。

（2）董事和经营层稳定

企业有了好的主业，还需要有好的经营团队，这样才能保证经营管理的配套。

**案例**

AT&T原是一家集通信服务和通信设备生产为一家的世界500强公司，由贝尔电话公司发展而来。在20世纪80年代以前，AT&T垄断了美国的市话和长话业务。

20世纪60年代，计算机行业兴起，这吸引了AT&T管理层的眼球。为了进入计算机生产领域，以便使通信服务与计算机生产有效融合，AT&T的管理层同意了美国商业部关于分拆AT&T的决议，放弃了市话通信的服务业务，并额外付出了巨额的代价，最终收购了当时处于低谷的在数据仓储系统、自动柜员机产品和零售业自动化设备制造等方面具有绝对优势的NCR公司。

在收购过程中，AT&T收购成功的可能性每增加一些，AT&T的股价就下跌一些，而NCR的股价则相应地上升一些。可见，市场对这次收购并不看好。但是，AT&T的管理层仍一意孤行。收购成功之后，AT&T的管理层很快发现，自己公司的服务领域根本无法应用于IT行业，而管理上的落后，又导致NCR在被收购后的经营业绩下滑。

最终在1997年，AT&T因无法再支撑下去而将NCR剥离出公司。对于这一事件，当时市场上赞声一片。而后，在AT&T作出收购NCR决策的CEO被更换的时候，AT&T的股价开始升高。

【分析】在资本市场中，很多收购都最终失败了，原因何在？因为经营团队不具备相应的经验，致使收购无法达到管理上的协同。AT&T收购NCR的案例，就给我们敲响了警钟。因此，有一个高效、稳定的经营管理团队，特别是在上市申请前3年内保持稳定，是保证企业管理和业务配套的一个重要前提。

**（3）利润来源有长期保证且有持续增加趋势**

利润来源有长期保证，对企业成功上市也很关键。利润中，来源于主业的部分应该占到大多数，一般情况下应高于70%，而来源于非主业的部分，特别是营业外的部分，如资产重组、政府补贴（如税收）的比例则应较小。除此之外，主业中关联交易的利润所占的比例也应较小。

再有就是，企业的主营业务收入和利润应有一个合理的上涨趋势。这里强调的合理性，指的是上涨有支撑，如上涨超过了同行业的水平，则应有具体的理由。

## 2. 关联交易和同业竞争合理

因为关联交易和同业竞争直接关系到上市之后的企业利益，所以出于保护中小股东利益的目的，在独立性问题中，重大关联交易和同业竞争是证监会发审委审核的重中之重。

**（1）重大关联交易的非关联化**

在上一节中，我们明确了证监会发审委关于可能会对企业的经营造成重大影响的关联交易的判断标准，下面我们重点考虑，如何才能将关联交易变得更合理。在具体操作中，拟上市企业可视实际情况和需要，将存在关联交易的企业通过股权收购纳入自己的合并报表范围，或将其剥离出自己的关联方。具体有如下两种方法：

①收购股权。拟上市企业可通过收购股权，使自己达到对关联交易的企业绝对控股或有重大影响，并将其纳入自己的合并报表范围之内，从而使关联交易内部化。

> **案 例**

山东九阳电器股份有限公司（以下简称山东九阳）是一家在深圳中小板上市的公司。为了减少关联交易，在改制重组阶段，山东九阳与控股股东上海力鸿投资有限公司签订了《股权收购协议》，将控股股东的子公司杭州鸿阳家电有限公司（以下简称杭州鸿阳）纳入麾下。为什么这么做呢？原来，杭州鸿阳的主营业务是商用食品加工机和家用电器的研究开发、生产与销售，但是它却没有单独设立销售部门，其绝大多数产品都是通过山东九阳销售的，这就造成二者之间存在着重大的关联交易。因此，通过股权收购，山东九阳将杭州鸿阳变为了自己的子公司，二者之间的关联交易也就实现了内部化。

【分析】上述案例中，山东九阳通过股权收购的方法达到了关联交易合理化的目的。在具体操作中，因为既要考虑关联交易的非关联化，又要考虑满足企业上市时净利润的要求，以及在获得上市批准之后取得好的发行价格，所以该种方法适用于如下情况：

第一，造成关联交易的企业的赢利和资产质量较好，纳入拟上市企业以后，能给拟上市企业带来较高的 ROE 和资产质量，或至少不会降低拟上市企业的 ROE 和资产质量。

第二，拟上市企业本身的赢利水平和资产质量很高，即使造成关联交易的企业的赢利水平稍微差一些，将其纳入合并报表范围后，也不会对拟上市企业整体的 ROE 和资产质量造成太大的影响。

第三，将关联交易企业纳入拟上市企业之后，不会降低主业的集中度。

案例中，杭州鸿阳的加入进一步增强了山东九阳的主业和赢利能力，因此采用股权收购的方法将重大关联交易非关联化较为合理。

**知识链接**

ROE 是 return on equity 的首字母缩写，指的是所有者权益收益率。其计算公式如下：

$$ROE = \frac{净利润}{所有者权益} \times 100\%$$

这个指标衡量的是所有者投入的收益率，是投资者非常关注的指标，会对 IPO 定价造成重大影响。

②出售股权。出售股权是指，拟上市企业的控股股东或实际控制人将存在同业竞争和关联交易的其他控股企业的股权出售，或拟上市企业将自己本身持有的，但尚未达到纳入合并报表范围的，却又造成同业竞争或关联交易的股权剥离出去。

### 案例

2007年，苏州海陆重工有限公司（以下简称海陆重工）在深圳中小板上市。在上市前的改制重组阶段，海陆重工转让了九家子公司的股权。海陆重工为什么这么做呢？原来，这九家子公司与海陆重工的其他关联方之间有重大的关联交易，金额巨大，曾经一年达1000多万元，并且这些子公司的赢利水平都较低，甚至有些公司还处于亏损状态。所以，这些子公司的加入势必降低海陆重工主业的基础程度。因此，海陆重工通过出售股权，果断地与这些子公司撇清了关联交易的关系。

【分析】从案例中，我们可以归纳出出售股权方法的适用范围：

第一，造成关联交易的企业的赢利和资产质量较差，纳入拟上市企业以后，会降低拟上市企业的ROE和资产质量。海陆重工的子公司的赢利水平较低且资产质量较差，因此将其股份出售是正确的选择。

第二，拟上市企业本身的赢利水平和资产质量不是太高，将造成关联交易的企业纳入合并报表范围后，会进一步降低企业的整体业绩或资产质量。

第三，造成关联交易的企业与拟上市企业的主业没有关联，将其纳入拟上市企业将对主营业务的集中程度造成负面影响。因为子公司的业务与海陆重工的主业没有太大关联，因此海陆重工适合将其股权出售。

当然，并不是说所有的关联交易都要如此处理。实际上，适度发生关联交易是合理的。如果发生关联交易，那么关联交易定价要有一个可供执行的公允程序，而且该程序被规范地执行了。例如，在进行公允价值决议时，股东大会上该回避的股东都回避了，董事会上该回避的关联董事也都回避了。如果是卖资产，则定价要参照相同或类似产品的活跃市场，或用适当的方法定价；如果是买资产，则除了参照定价外，还要有资产评估机构的评估报告的支持。

### （2）同业竞争的合理化

关联交易的处理方法同样适用于同业竞争,但是,同业竞争的处理还应包括如下程序:

①拟上市企业与竞争方股东协议解决同业竞争问题,竞争方股东作出今后不再进行同业竞争的书面承诺。

②拟上市企业应在《股东协议》等文件中规定避免同业竞争的措施,并在申请发行上市前取得控股股东同业竞争方面的有效承诺,如承诺将不以任何方式直接或间接从事或参与和企业相竞争的任何业务活动。

## 3. 股权关系简单

企业要给证监会发审委留下股权关系简单的印象,必须做到如下几点:

### （1）股权历史清白

①出资到位。出资到位是股权完整、合理的一个重要体现,指的是,出资人按协议要求,完整地投入资金、实物或其他相关资源,且资金、实物或其他资产经过资产评估师机构的验资。证监会发审委在审核时会非常关注相关的凭证,因此,如果你打算让企业上市,就必须保存好相关的出资凭证。

但是,有些企业因为种种原因,存在着出资不到位或者出资凭证丢失的情况。这时,企业不应心存侥幸心理,或者打算投机取巧,而应按要求补足出资或补全手续。例如,在现金、实物资产没有交付、产权没有过户或凭证丢失的情况下,态度端正地补足出资才是企业的上上之选。补足出资时,企业可拿现金来补足,也可以拿所有者权益转增资本来补足,甚至可以拿其他的实物资产,如房屋、土地等来补足。切记,补足出资的过程中,应当由资产评估师机构对出资情况进行复核,并出具复核报告。

②股权结构相对简单。企业不应有太过多元化的股权结构,如果股

东过多，则股东之间很容易打架和产生权属纠纷。

③股权变动的定价合理。拟上市企业的股权转让和增资扩股不应太过频繁，且定价要合理，股权受让方和通过增资扩股进入企业的一方用于购买股权的资金来源应合法合规。

(2) 控制权不存在隐患

控制权不存在隐患是指，企业的控制权不应存在影响未来经营的隐患。这具体表现在两个方面：

①股权不过于分散。企业不存在股权过于分散的情况，因为过度分散的股权不仅使企业群龙无首，决策无力，而且很容易导致控制权变更的发生，给企业控制权的稳定带来风险。在盛大收购新浪的案例中，盛大之所以能够通过二级市场获得新浪19.5%的股权，并向新浪举牌，其原因之一就是新浪的股权过于分散。

②不存在一股独大的情况。与股权过于分散相反的情况是一股独大。在一股独大的情况下，企业的控制权较为稳定，但企业一般会缺少制衡控股股东的相应机制，很容易发生控股股东侵害小股东利益的情况。

## 4. 募集资金投向合理

募集资金的投向合理主要是指企业应有确实存在的资金需求，且有好的投资项目。因此，企业可以从以下三个方面来展现募集资金投向的合理性：

(1) 融资具有必要性

在上一节中我们讲到，企业可从资产负债率、货币资金充足率和应收账款占比来判断融资的必要性。因此，为了表明自己确实有融资的必要性，企业从以下两方面采取措施：一方面，适当提高资产负债率，使其达到30%以上，但也不能举债太多，否则会造成企业的财务风险过高；另一方面，降低货币资金的持有量，减少应收账款。

(2) 符合政策导向

证监会发审委非常关注募集资金的投资项目是否符合宏观政策的导向，

比如我国"十二五"期间节能环保是主旋律之一，如果企业的募集资金投资项目会造成重大污染，那么证监会发审委很可能会否决企业的上市申请。

### （3）投资前景明朗

募集资金的投资项目还应具有明朗的投资前景，确定在不久的将来能为企业带来利润，能增加股东的财富。

## 5. 报表漂亮真实

良好的经营预期、完善的制度设计以及规范的运营，都会在企业的财务报表中反映出来，因而，招股说明书中的报表应尽量做得漂亮。但是，这并不意味着企业可以抱有侥幸心理，可以利用财务造假愚弄监管机构和投资者，以达到上市的目的。事实上，目前我国的IPO监管制度非常严格，财务造假的成本非常高，而且监管机构能通过很多有效的方法发现财务问题。所以，财务报表应是真实的，唯有如此，企业才能以不变应万变。在具体的操作中，企业应从以下两个方面进行把关：

### （1）良好的会计核算基础

良好的会计核算基础指的是企业会计工作的硬件过大，具体包括合理的会计机构设置、有效的会计人员配备、正式的会计工作交接、规范的会计档案管理、有效的会计内部控制和高效的会计电算化工作等。

### （2）合理运用会计职业判断

会计职业判断是会计工作的软件，指会计人员根据会计法律法规、会计原理和会计原则等会计标准，充分考虑企业现实与未来的理财环境和经营特点，并对经济业务性质进行精确分析，然后运用自身的专业知识，通过分析、比较、计算等方法，客观公正地对应列入会计系统某一要素的项目进行判断与选择的过程。

【总结】在这一节，我们对如何规避IPO被否的主要问题，从而报送一份令人满意的材料的技巧作了总结，这主要包括五个方面：经营预期良好、关联交易和同业竞争合理、股权关系简单、募集资金的投向合理、报表漂亮真实。

# 第七章
## 如何发行与承销证券

你将在本章学到：
- 如何进行询价
- 如何发行证券
- 如何承销证券

---

**关键词**：询价与定价　证券发行　证券承销

如果你的企业进入了这一章的程序，那么恭喜你，你的企业已经通过了上市审批。接下来的过程将稍微轻松一些，具体包括证券的询价、定价、发行和承销。有了前期的良好铺垫，这些事情更多的是一些程序上的考虑，因此这一章的重点在于帮助你认识证券的询价、定价、发行和承销的主要程序。

## 一、询价与定价

在了解了自身内在价值的基础上,发行股票的企业将通过路演询价和定价程序,获得最终的 IPO 价格。在第二章的第四节里,我们已经对 IPO 定价的模型进行了详细介绍,所以本节将重点介绍询价和定价的程序。

**案例**

华电国际电子服务有限公司(以下简称华电国际)成为中国询价第一股,绝不是一次偶然。其实,从华电国际确定 A 股上市时开始,证监会当时负责发行的副主席桂敏杰和主席助理姚刚就多次与华电国际的主承销商中金公司商讨过华电国际的询价发行问题。之所以首先对华电国际进行询价,证监会和中金公司基于如下考虑:

第一,华电国际已是 H 股上市公司,相对于其他尚未上市的公司而言,信息披露比较充分,市场风险相对较小。

第二,国内 A 股上电力行业的上市公司中,华能国际、国电电力都是华电国际的可比公司,这样一来,询价就有了一个可比的定价水平。

最终,华电国际采用询价机制进行了 IPO 定价,并分三个阶段进行:

第一阶段,预路演。这个阶段的主要目的是根据公司自己的估值结果向机构推介,确定发行价格区间。在刊登招股意向书后,主承销商中金公司分别在北京、上海和深圳进行了为期三天的预路演,向证券公司、证券投资基金管理公司、财务公司、信托投资公司以及合格境外机构投资者(QFII)等 77 家询价对象进行了初步询价。初步询价结果显示,77 家机构的报价落在 1.9~3.38 元/股之间。主承销商和发行人根据此结果,并综合考虑当时的市场情况、所处行业的估值和可比公司的估值水平,以及公司本身的基本面,最终确定网下配售对象累计投标询价的发行价格区间为 2.3~2.52 元/股。

第二阶段，正式路演确定发行价格。正式路演又分为现场路演和网上路演两种。在这个阶段，根据预路演确定的发行价格区间，通过正式路演和累计投标询价，以配售对象累计投标情况为依据确定发行价格。

第三阶段，确定发行价格。根据正式路演和累积投标询价的结果，最终确定发行价格为初步询价区间的上限——2.52元/股。

【分析】通过案例，我们可以知道，询价和定价这个过程是由预路演、正式路演和最终定价三个步骤组成的。下面，我们简单介绍这三个步骤。

## 1. 预路演

从华电国际的案例可以看出，预路演是指主承销商通过走访一些特定的投资者，对他们作广泛的市场调查，收集他们对发行价格的看法，从而了解市场的整体需求，并据此确定一个价格区间的过程。关于预路演，有几个问题需要注意：

第一，上述的特定投资者通常为符合《证券发行与承销管理办法》规定的证券投资基金管理公司、证券公司、信托投资公司、财务公司、保险机构投资者、合格境外机构投资者、主承销商自主推荐的具有较高定价能力和长期投资取向的机构投资者，以及经中国证监会认可的其他机构投资者。

第二，根据证监会对询价对象的家数的规定：发行4亿元以下的企业，至少应向20个机构询价；4亿元以上的，则至少应向50家机构询价。

第三，因为预路演的主要目的在于充分发挥市场机制的价格发现功能，合理确定股票的发行价格，所以为了保证预路演的效果，在预路演的过程中，必须从地域、行业等多方面考虑，否则询价结论就会比较主观，不能准确地反映出市场的供求关系。在案例中，华电国际所选择的询价对象就分布在北京、上海和深圳三地。

第四，路演的出席人员必须包括企业的董事长、总经理、财务负责人、董事会秘书和主承销商的项目负责人等。

第五,路演可采用网上推介和现场推介两种方式。网上推介是指通过在互联网上直播向投资者推介的方式;现场推介是指在机构投资者较为集中的城市租用场地,通过开办酒会等形式向投资者推介的方式。一般情况下,两种方式可兼而用之。

第六,根据《证券发行与承销管理办法》的规定,在进行预路演之前,主承销商应当向询价对象提供投资价值研究报告,对企业的内在价值作一个大概的估计。至于估值模型,在第二章已经作了详细介绍,在此不再赘述。

第七,在预路演过程中展示将影响估值的重要因素,包括业绩、产品、未来的发展方向、募集资金的投向以及企业的管理团队等。例如,罗莱家纺(002293)在进行IPO路演的时候,其董事长薛伟成就向询价机构介绍了企业的起家之道、已有的资源和在行业中所处的地位,并表示将以本次募集资金为契机,将企业逐步打造成国际一流的家纺企业。

## 2. 正式路演和最终定价

从案例中可知,正式路演是在预路演之后,根据预路演所得的定价区间,通过正式的展示和累计投标询价的方式,确定IPO价格的过程。

值得注意的是,根据《证券发行与承销管理办法》的最新规定,除了可采用累计投标询价方式确定发行价格外,首次发行的股票在中小板、创业板上市的,发行人及其主承销商可以直接根据初步询价结果确定发行价格。

【总结】在获得了证监会发审委的上市批准之后,企业就进入了路演和定价的程序。路演和定价程序的开展需要建立在对自己企业充分了解的基础上,这是"知己"的过程,而路演便是"知彼"的过程。在进行路演时,发行人及其主承销商可以通过向特定的机构进行推介,了解投资者对企业股票的需求情况,最终确定股票IPO价格。

## 二、证券的发行

**案 例**

2005年1月22日,华电国际正式向配售对象按比例进行配售和向二级市场投资者进行市值配售。这个过程历时一周,具体内容如下:

22日,在刊登《累计投标询价定价结果公告》和《市值配售发行公告》后,配售对象开始缴款申请配售。

24日,二级市场投资者开始市值申购、配号,同时华电国际公布网下累计投标询价配售结果,退还网下配售对象多余的申购款项。

25日,华电国际公布市值配售中签率,并根据中签率进行网上申购的摇号抽签。

26日,公布中签结果。

27日,中签投资者缴款或放弃认购。

最终,华电国际的股票受到了广大机构投资者的欢迎,网下申购的总股数达到了132.8577亿股,共冻结资金332.6亿元,超额认购倍数为32.147倍。

【分析】在取得了IPO定价之后,企业就进入到证券发行程序。案例大致描述了华电国际的证券发行过程,从中我们可以了解到,证券发行有网上发行和网下配售两种方式。

## 1. 网上发行

网上发行主要针对二级市场投资者。利用上海证券交易所或深圳证券交易所的交易网络,新股发行主承销商可以在证券交易所挂牌销售,而投资者则可以通过证券营业部交易系统进行申购。在发行股份的时候,发行总量中一定比例的新股向二级投资者配售,二级市场投资者需要进行申购、配号,而后上市企业公布市值配售中签率,并根据中签率进行网上申购的摇号抽签，最后根据抽签结果确定二级市场投资者是否获得股票配售。

## 2. 网下配售

网下配售则是针对参与询价的机构投资者的股份发行方式。根据《证券发行与承销管理办法》的规定，股票配售对象限于下列类别：

经批准募集的证券投资基金；

全国社会保障基金；

证券公司证券自营账户；

经批准设立的证券公司集合资产管理计划；

信托投资公司证券自营账户；

信托投资公司设立并已向相关监管部门履行报告程序的集合信托计划；

财务公司证券自营账户；

经批准的保险公司或者保险资产管理公司证券投资账户；

合格境外机构投资者管理的证券投资账户；

在相关监管部门备案的企业年金基金；

主承销商自主推荐机构投资者管理的证券投资账户；

经中国证监会认可的其他证券投资产品。

但出现如下情况之一的询价对象，则不得参与股票配售：

未参与初步询价；

询价对象或者股票配售对象的名称、账户资料与中国证券业协会登记的不一致；

未在规定时间内报价或者足额划拨申购资金；

有证据表明在询价过程中有违法违规或者违反诚信原则的情形。

此外，在网下配售过程中，还应注意：

第一，询价对象应当为自己管理的股票配售对象分别指定资金账户和证券账户，以专门用于累计投标询价和网下配售。指定账户应当在中国证监会、中国证券业协会和证券登记结算机构登记备案。

第二，股票配售对象参与累计投标询价和网下配售时应当全额缴付申购资金，单一指定证券账户的累计申购数量不得超过本次向询价对象配售的股票总量。

### 3. 向战略投资者配售

此外，首次公开发行股票数量在4亿股以上的，根据《证券发行与承销管理办法》的规定，可以向战略投资者配售股票。在向战略投资者配售股票的过程中，企业应注意以下几个问题：

第一，发行人及其主承销商应当在发行公告中披露战略投资者的选择标准、向战略投资者配售的股票总量占本次发行股票的比例以及持有期限制等。

第二，战略投资者不得参与首次公开发行股票的初步询价和累计投标询价，并应当承诺获得本次配售的股票持有期限不少于12个月。持有期自本次公开发行的股票上市之日起计算。

第三，发行人及其主承销商应当向参与网下配售的询价对象配售股票。公开发行股票数量不超过4亿股的，配售数量不超过本次发行总量的20%；公开发行股票数量在4亿股以上的，配售数量不超过向战略投资者配售后剩余发行数量的50%。询价对象应当承诺获得本次网下配售股票的持有期限不少于3个月。持有期自本次公开发行的股票上市之日起计算。

第四，本次发行的股票向战略投资者配售的，发行完成后无持有期限制的股票数量不得低于本次发行股票数量的25%。

### 4. 回拨机制

**案 例**

2009年7月23日，中国建筑股份有限公司（以下简称中国建筑）A股IPO发行终于尘埃落定。中国建筑此次IPO发行，网下和网上中签率分别达到2.61%和2.83%，是首支网上中签率超过网下中签率的大盘股。因为新股发行制度对机构参与网上申购的限制，申购人不能同时参与网上申购和网下配售,而只能采用其中的一种方式,以致网下申购资金大幅超出网上申购资金,所以中国建筑最终决定从网上向网下回拨12亿股(本次发行总量的10%),使得网下和网上的最终发行规模均为60亿股。

【分析】案例中,"从网上向网下回拨12亿股"的机制称做回拨机制。回拨机制是指,在同时采取网上发行和网下申购两种发行方式的时候,为了保证能够成功发行,并使网下配售的机构投资者和网上申购的散户投资者能够公平申购,发行人先规定向法人配售的比例,同时规定当一般投资者网上申购的超额认购倍数达到不同倍数时,对法人投资者和对一般投资者给予相应的股票分配量。

尽管在原理上,回拨机制可以是双向的,即网上认购不足就向网下回拨,网下申购不足就向网上回拨,但是,《证券发行与承销管理办法》第三十一条第二款规定:"网上申购不足时,可以向网下回拨由参与网下的机构投资者申购,仍然申购不足的,可以由承销团推荐其他投资者参与网下申购。"第三十二条第二款规定:"网下机构投资者在既定的网下发售比例内有效申购不足,不得向网上回拨,可以中止发行。网下报价情况未及发行人和主承销商预期、网上申购不足、网上申购不足向网下回拨后仍然申购不足的,可以中止发行。中止发行的具体情形可以由发行人和承销商约定,并予以披露。"

案例中,中国建筑进行的就是网上向网下回拨的机制。

【总结】证券的发行视投资者和发行规模的不同而不同,具体分为:

第一,向二级市场投资者发行,称作网上发行。

第二,向参与询价的机构发行,称作网下配售。证监会对机构的资格有具体的要求。

第三,当发行规模超过4亿股,可向战略投资者配售。战略投资者不应参与初次询价,证监会对向其配售的数量有具体的规定。

同时,当出现网上申购不足,网下配售比例太少的情况时,发行人可以采用网上向网下回拨的机制,但网下申购不足时,则不能进行回拨,但可以中止发行。

# 三、证券的承销

证券承销是证券经营机构代发行人发行股票的行为。在证券承销过程中,证券经营机构借助自己在证券市场上的信誉和营业网点,在规定的发行有效期限内将证券出售。这里所讲的证券经营机构是指证券公司,也就是在第四章中所谈到的券商。

证券的承销一般有包销和代销两种方式。一般情况下,证券发行是由两家以上证券公司联合主承销的,共同承担主承销责任,并履行相关义务。对于承销量大和承销金额大的股票可由承销商组成承销团,共同承销。承销协议和承销团协议可在确定 IPO 价格后再签订。

## 1. 承销团

国务院 1993 年 4 月发布的《股票发行与交易管理暂行条例》规定:"拟公开发行股票的面额超过人民币 3000 万元或者预期销售金额超过人民币 5000 万元的,应当由承销团承销。主承销商由发行人按照公平竞争的原则,通过竞标或者协商的方式确定。"

为什么需要采用承销团的方式承销呢?这是因为,大宗股票发行失败的可能性很大,而组成承销团的好处在于,多家承销商共同承担发行风险,这样风险就被分散到每一家承销机构身上,单一机构单独承担的风险就减少了。

承销团一般由 3 家及以上的承销商组成,有一个主承销商,同时也可设副主承销商协助主承销商组织承销活动。在承销过程中,主承销商主要负责相关的承销活动,要设立专门的机构,协调完成企业的各项 IPO 工作。承销团成员应当按照承销团协议及承销协议的规定进行承销活动,不得进行虚假承销。

## 2. 包销

**案 例**

东方证券股份有限公司（以下简称东方证券）一直在积极地筹备上市，但让它为难的是：它是长江证券股份有限公司（以下简称长江证券）增发的主承销商，而自2011年3月10日复牌以来，长江证券的股价已经下跌了20%，使得它持有的长江证券的股票直接浮亏2亿元，这无疑对自己的上市进程造成了一定的影响。

为什么主承销商最终变成了股东呢？原因在于，东方证券在承销长江证券的增发时，采用的是包销方式。

长江证券此次增发可谓"一波三折"，所有的计划全被增发前一个交易日尾市收盘前的一瞬间给打破了：股价直接被885.54万股的卖单砸至12.00元，抛盘金额超过1亿元，股价的跌幅也由2.75%扩大至8.47%，而12元/股的收盘价远远低于12.67元/股的增发价格。因为采用了包销方式，主承销商东方证券不得不自掏腰包近14亿元，包销了约1.1亿股，持股比例达到4.64%，成为了长江证券的第六大股东。

【分析】案例中，东方证券采用的是包销方式。在该方式下，发行人与承销机构签订合同，由承销机构买下全部或销售剩余部分的证券，承担全部销售风险。对于承销商而言，包销是一种风险较大的承销方式。东方证券正是因为采用了包销方式，不得不总揽了无法出手的增发股票，由承销商变为了第六大股东，并将进一步承担由于股票价格波动而造成的风险。

**知识链接**

增发，是股票增发的简称，指已上市的企业向指定投资者（如大股东或机构投资者）或全部投资者额外发行股份募集资金的融资方式，其发行价格一般为发行前某一阶段的平均价的某一比例。

一般情况下，采用这种方式的多为那些资金较为匮乏、知名度不高而且缺乏证券发行经验的证券公司，因为只有通过这种方式，它们才能招徕客户。

## 3. 代销

与包销不同，代销则是证券公司代发行人发售证券，并在承销期结束时，将未售出的证券全部退还给发行人的承销方式。所以，采用代销方式的承销商不承担任何发行风险。但是，在股票市场上，一个亘古不变的真理便是，风险和收益是对等的，所以承销商承担的风险小，自然承销的佣金收入就低。代销一般应用于承销信用等级低、风险大的证券。

【总结】证券承销是指证券公司代发行人发行股票的行为。根据相关规定，一般的证券承销，需要两个承销商共同进行，共担风险和收益，但在数量和金额巨大的情况下，单个承销商不愿意单独承担风险，则可采用承销团的方式进行。承销团一般由 3 个及以上的证券公司结成，主承销商负责工作的组织。

一般而言，承销商承销证券的方式有包销和代销两种：

第一，在包销方式下，承销商承担更大的风险，但能获得更多的承销收入。知名度低、承销经验少和资金不足的证券公司大都采用这种方式。

第二，在代销方式下，因为承销剩下的股价将交还给发行人，所以承销商承担的风险较小，但相应的，其获得的承销收入也较低。当被承销的证券风险较大时，证券公司多采用这种方式。

# 第八章
## 如何编制与解读年报

你将在本章学到：
- 年报的披露规则和基本内容
- 四张基本财务报表的要素、分析要点和基本格式
- 审计报告的作用和类型

关键词：年度报告　披露规则　财务报表　审计报告

企业的上市工作到上一章为止，就算大功告成了。但是，"雄关漫道真如铁，而今迈步从头越"，IPO成功只是一个开始，IPO后还有更艰难的路要走。但是，回顾整个IPO历程，财务无疑是贯穿始终的一条主线，因为它决定了IPO成功的两个关键问题：第一，能否取得IPO资格；第二，能否获得好的IPO定价。同时，IPO后的财务也是企业财务状况和经营成果的总结，关系着企业经营管理的方方面面。因此，在结束本书之际，我们最后以IPO时和IPO后的年度报告的披露为重点，介绍财务方面的相关知识。

# 一、年报的披露规则与基本内容

年度报告的编制是一年财务工作的重头戏。上市公司的年度报告需要向社会公众公开披露。在年报披露之后，分析师将根据年度报告呈现出来的公司财务状况和经营成果调整对上市公司的跟踪策略，社会公众也将根据年报或分析师的建议构造投资策略，维持或改变现有的投资决策，而投资决策将进一步影响上市公司的股票收益率，并最终影响上市公司的资本成本。因此，年度报告的披露对上市公司的影响尤为重大。所以，每年的12月31日至次年的4月30日，是让上市公司非常紧张的一段时间，因为这段时间是证监会要求公司披露年报的时间。

## 案 例

2011年3月1日，中国铝业股份有限公司（以下简称中国铝业）披露了2010年年报。年报显示，借助2010年国际铝价的大好涨势，中国铝业终于走出了2009年的46.19亿元巨额亏损的阴影，2010年全年的赢利为7.78亿元，公司实现每股收益0.06元。

中国铝业董事会在其报告中指出，2010年公司业绩大增主要缘于主导产品市场价格回升、控亏增盈措施初见成效且产销量增加。中金公司的分析师蔡宏宇认为，中国铝业的经营逐步好转，铝产品产量稳步增长。

与2009年相比，中国铝业2010年的氧化铝、化学品氧化铝、原铝以及铝加工产品产量分别同比增长30.3%、16.3%、11.6%以及43.9%。此外，公司毛利率环比有所提升，四季度铝价环比上涨7%。

2011年3月1日，中国铝业董事长兼CEO熊维平在公司业绩说明会上表示，公司已经明确了以国际多元金属矿业，重点包括铜、铝、铁矿石、稀土、煤炭等资源为核心的战略部署。

2011年5月3日，2010年上市公司的年报披露刚结束没几天，一则发表在《证券日报》上的题为《2010年十大业绩变脸上市公司盘点》的报道吸引了众人的视线。根据2010年年度报告披露的业绩,该报道总结了2010年业绩发生重大变化的典型案例,其中,中国铝业赫然出现在报道中。该报道对中国铝业业绩大幅变化的原因进行了点评,认为,中国铝业业绩变化主要受国际铝价的影响,同时中国铝业多元金属的发展战略也有效地提升了公司的业绩。

【分析】从案例中可以看出,因为财务信息是市场上主要的且高质量的信息来源,而年报又是财务信息的重要组成部分,所以年报的披露受到了各大财经媒体和分析师的关注。案例中,《证券日报》上题为《2010年十大业绩变脸上市公司盘点》的报道就是在年报披露结束后的第三天发表的,它根据上市公司年度报告的相关披露和分析师的跟踪对上市公司的业绩变动进行了分析,进而对读者的投资行为产生一定的影响。

在本节,我们首先来了解上市公司年度报告的披露规则,然后再近距离地审阅年度财务报告的主要组成部分。

## 1. 年报的披露规则

目前,我国证券市场上对上市公司年度报告披露的相关规定:

一是,中国证监会于2007年颁布的《上市公司信息披露管理办法》。

二是,中国证监会于2010年修订的《公开发行证券的公司信息披露编报规则第15号——财务报告的一般规定》。

三是,中国证监会于2010年修订的《公开发行证券的公司信息披露编报规则第9号——净资产收益率和每股收益的计算及披露》。

总结起来,上述制度主要对上市公司年度报告作了如下规范:

**(1) 年报披露时间**

年报的披露时间应当在每个会计年度结束之日起的4个月内。

出于对年报披露工作进行统筹安排的需要,证券交易所通常要求上市公司预约确定一个相对固定的披露日期。披露日期一旦确定,如果没有特殊原因,一般不能变更。

上市公司如果预计在4月30日前无法进行年报的披露工作,应在4

月 15 日以前向证券交易所提交延迟披露年度报告的书面请求，并公告无法按期披露年报的原因、解决方案及延期披露的最后期限。

（2）年报披露的方式

年报应登载于中国证监会指定的国际互联网网站，同时将年报摘要刊登在至少一种由证监会指定的全国性报纸上。

（3）年度报告的内容

根据规定，年度报告一般应包含如下内容：

①公司基本情况。

②主要会计数据和财务指标。

③公司股票、债券的发行及变动情况，报告期末股票、债券的总额，股东总数及公司前 10 大股东的持股情况。

④持股 5% 以上股东、控股股东及实际控制人情况。

⑤董事、监事、高级管理人员的任职情况、持股变动情况及年度报酬情况。

⑥董事会报告。

⑦管理层讨论与分析。

⑧报告期内重大事件及对公司的影响。

⑨财务会计报告和审计报告全文。

⑩中国证监会规定的其他事项。

下面，我们对年报的主要内容作进一步展开。

## 2. 年报的构成

我们以华谊兄弟 2010 年的年报为例来讲解年报的构成。

（1）公司基本情况简介

在这部分，年报信息使用者可了解华谊兄弟的中英文名称、法定代表人、联系人及其联系方式、注册地址和办公地址、指定的信息披露报纸名称和网站网址、上市的交易所、股票简称和股票代码。

### (2) 会计数据和业务数据摘要

在这部分，华谊兄弟向信息使用者展示了公司 2008 年至 2010 年这三年间的主要会计数据和由此计算出的财务指标。

从主要的会计数据来看，华谊兄弟的营业收入、利润总额、经营活动的现金流、总资产、所有者权益和股本都出现了持续的大幅增长。

财务指标包括每股收益、净资产收益率、每股经营活动现金流和每股净资产。从华谊兄弟披露的数据可以看出，虽然公司的利润绝对数在 2008 年至 2010 年三年中实现了持续增长，但相对指标却不尽如人意；每股收益虽有小幅增加，但加权平均净资产收益率和扣除非经常性损益后的加权平均净资产收益率都出现了下滑。华谊兄弟这两个指标下滑的主要原因在于公司上市使得公司的净资产规模大幅增加，从而减少了加权平均净资产收益率，而年内公司的非经常性损益接近 1638 万元，为公司净利润的 11%，这使得扣除非经常性损益后的加权平均净资产收益率进一步下降。

为了更好地理解这两个指标，我们来进一步了解加权平均净资产收益率的计算和非经常性损益的界定。

① 加权平均净资产收益率。其公式为：

$$加权平均净资产收益率 = P0 \div (E0 + NP \div 2 + Ei \times Mi \div M0 - Ej \times Mj \div M0 - Ek \times Mk \div M0)$$

式中：

P0 为扣除非经常性损益后归属于公司普通股股东的净利润；

E0 为归属于公司普通股股东的期初净资产；

NP 为归属于公司普通股股东的净利润；

Ei 为报告期内发行新股或债券股等新增的、归属于公司普通股股东的净资产；

Mi 为新增净资产次月起至报告期期末的累计月数；

M0 为报告期月份数；

Ej 为报告期内回购或现金分红等减少的、归属于公司普通股股东的

净资产;

$M_j$ 为减少净资产次月起至报告期期末的累计月数;

$E_k$ 为因其他交易或事项引起的、归属于公司普通股股东的净资产增减变动;

$M_k$ 为发生其他净资产增减变动次月起至报告期期末的累计月数。

华谊兄弟的加权平均净资产收益率和扣除非经常损益后的加权平均净资产收益率计算如表 8-1 所示。

表 8-1 华谊兄弟加权平均净资产收益率和扣除非经常损益后的加权平均净资产收益率计算表　　单位:元

| 项目 | 代号 | 本期数 |
| --- | --- | --- |
| 归属于公司普通股股东的净利润 | 1 | 149 205 362.61 |
| 归属于公司普通股股东的非经常性损益 | 2 | 16 378 598.81 |
| 扣除非经常性损益后的归属于公司普通股股东的净利润 | 3 = 1 - 2 | 132 826 763.80 |
| 归属于公司普通股股东的期初净资产 | 4 | 1 480 803 689.57 |
| 报告期内发行新股或债券股等新增的、归属于公司普通股股东的净资产 | 5 | — |
| 新增净资产次月起至报告期期末的累计月数 | 6 | — |
| 报告期内回购或现金分红等减少的、归属于公司普通股股东的净资产 | 7 | 50 400 000.00 |
| 减少净资产次月起至报告期期末的累计月数 | 8 | 8 |
| 因其他交易或事项引起的、归属于公司普通股股东的净资产增减变动 | 9 | 27 517 749.02 |
| 发生其他净资产增减变动次月起至报告期期末的累计月数 | 10 | 6 |

续表

| 项目 | 代号 | 本期数 |
|---|---|---|
| 报告期月份数 | 11 | 12.00 |
| 加权平均净资产 | 12 = 4 + 1/2 + 5×6/11 − 7×8/11 − 9×10/11 | 1 508 047 496.00 |
| 加权平均净资产收益率 | 13 = 1/12 | 9.89% |
| 扣除非经常性损益加权平均净资产收益率 | 14 = 3/12 | 8.81% |

②扣除非经常性损益后的净利润。非经常性损益主要是指与经营业务无直接关系的，以及虽与经营业务相关，但由于其性质、金额或发生频率，对真实、公允地反映公司正常赢利能力有影响的各项收入、支出。因为非经常性损益经常被我国的上市公司用以调整利润，所以从1999年开始，证监会在《公开发行证券的公司信息披露规范问答第1号——非经营性损益》中特别规定："注册会计师应单独对非经常性损益项目予以充分关注，对公司在财务报告附注中所披露的非经营性损益的真实性、准确性与完整性进行核实。"到目前为止，相关规定已经过数次修订。

目前，非经常性损益的界定遵循的是2008年颁布的《公开发行证券的公司信息披露解释性公告——非经常性损益》的相关规定。根据规定，非经常性损益通常包括以下项目：

非流动性资产处置损益，包括已计提资产减值准备的冲销部分；

越权审批，或无正式批准文件，或偶发性的税收返还、减免；

计入当期损益的政府补助，但与公司正常经营业务密切相关，符合国家政策规定、按照一定标准定额或定量持续享受的政府补助除外；

计入当期损益的对非金融企业收取的资金占用费；

企业取得子公司、联营企业及合营企业的投资成本小于取得投资时应享有被投资单位可辨认净资产公允价值产生的收益；

非货币性资产交换损益；

委托他人投资或管理资产的损益；

因不可抗力因素，如遭受自然灾害而计提的各项资产减值准备；

债务重组损益；

企业重组费用，如安置职工的支出、整合费用等；

交易价格显失公允的交易产生的超过公允价值部分的损益；

同一控制下企业合并产生的子公司期初至合并日的当期净损益；

与公司正常经营业务无关的或有事项产生的损益。

除同公司正常经营业务相关的有效套期保值业务外，持有交易性金融资产、交易性金融负债产生的公允价值变动损益，以及处置交易性金融资产、交易性金融负债和可供出售金融资产取得的投资收益；

单独进行减值测试的应收款项减值准备转回；

对外委托贷款取得的损益；

采用公允价值模式进行后续计量的投资性房地产公允价值变动产生的损益；

根据税收、会计等法律、法规的要求对当期损益进行一次性调整对当期损益的影响；

受托经营取得的托管费收入；

除上述各项之外的其他营业外收入和支出；

其他符合非经常性损益定义的损益项目。

从年报中可以看出，华谊兄弟2010年的非经常性损益主要包括非流动性资产处置损益、计入当期损益的政府补助、无正式批准文件或偶发性的税收返还或减免，以及其他营业外收入和支出等。

### （3）董事会报告

董事会报告将详细披露公司在报告期内的董事会工作情况。因为董事会在公司运营中处于核心地位，所以这也是信息使用者重点阅读的部分。董事会报告应具体包括如下内容：

①报告期内公司经营情况的回顾。具体包括：

第一，总体经营状况的描述。在此部分，华谊兄弟董事会首先回顾了报告期内公司经营情况，重点强调了公司2010年的营业收入实现了大幅增长,并分析了业绩大幅增长的原因。

**案 例**

报告期内,华谊兄弟各项财务指标较上年同期相比均有大幅提高,主要是因为公司上市后,严格按照募集资金使用计划,扩大公司主要业务板块的生产规模,产品销售趋势良好。这主要表现在:报告期内的电影作品《唐山大地震》、《狄仁杰之通天帝国》、《非诚勿扰Ⅱ》均创造了较好的票房成绩;电视剧生产规模比上年扩大;艺人数量不断增加。经营规模的扩大使得公司营运资金日趋充足,现金流趋向良好。

【分析】华谊兄弟董事会接着对加权平均净资产收益率的下滑作出了解释,最后又总结了当年经营和投资计划的完成情况,具体包括:

第二,公司主营业务及其经营情况。在这部分,华谊兄弟董事会披露了公司的主营业务及分布:公司产品按业务分,可分为电影及衍生、电视剧及衍生、艺人经纪及相关服务、音乐、电影院等,电影收入占最大比重;若按地区分,则分为国内和海外,以国内市场为主。

第三,客户和主要供应商情况。本部分列举了前5名客户和供应商的金额,以及占所有销售金额和采购金额的比例。

第四,财务数据分析。此处对公司费用、资产、现金流以及相关的偿债能力和营运能力进行了分析,并得出了如下结论:公司的营运能力有所提高,但偿债能力有所下降。

第五,无形资产的情况。华谊兄弟的无形资产包括土地、商标权、各影视作品的著作权和业务许可证等。在这部分,华谊兄弟董事会详细描述了这些无形资产的构成和状态。

第六,投资情况。具体内容包括:公司控股和参股的子公司的名称与数量、这些子公司的财务状况和经营业绩、报告期内取得控股公司的情况,以及对公司净利润影响达到10%的单个子公司的经营数据。

第七,公司的核心竞争力。这部分是对公司核心竞争力的分析,具体表现在公司产业链的优势、运营体系的优势、公司品牌的优势、专业人才的优势和合作伙伴的优势。

②对公司未来的展望。具体包括：

第一，影视市场、影视制作行业和经纪人行业等生产经营环境变化对公司可能造成的影响。

第二，实现发展战略和经营计划可能遇到的各种风险因素。

**案 例**

华谊兄弟的具体风险包括国家对电影电视产业宏观政策导向变化产生的风险、税收优惠及政府补助政策的风险、盗版的风险、募集资金投资项目实施的风险、人才管理的风险、公司商业大片拍摄量及收入波动的风险、作品审查的风险、经济周期影响的风险、市场竞争加剧的风险、影视作品销售的风险、影视剧拍摄计划执行的风险、联合摄制的控制风险、安全生产的风险、知识产权纠纷的风险、应收账款余额较大的风险、存货金额较大的风险、经营活动净现金流量阶段性不稳定的风险及应对措施、实际控制人股权稀释的风险、艺人经纪合同的风险、净资产收益率下降的风险和超募资金运用的风险。

第三，公司发展战略和公司新一年度的经营计划。

③报告期内公司投资情况。具体包括：

第一，报告期内募集资金的使用情况。

第二，报告期内非募集资金对重大项目的投资情况。

第三，报告期内对其他上市公司股权，参股商业银行、证券公司、保险公司、信托公司和期货公司等金融企业股权，以及以公允价值计量的境内外基金、债券、信托产品、期货、金融衍生工具等金融资产的投资情况。

④报告期内的财务会计报告。具体包括：

第一，审计意见的类型。

第二，公司会计政策。

第三，会计估计变更。

第四，会计差错更正的说明。

⑤董事会日常工作情况。具体包括：

第一,报告期内董事会的会议情况及决议内容。

第二,董事会及股东大会决议的执行情况。

⑥利润分配预案和公积金转增股本预案

董事会报告的最后一个部分是公司本年度的利润分配预案和公积金转增股本预案。

**案例**

经中瑞岳华会计师事务所有限公司审计,华谊兄弟2010年实现归属于母公司股东的净利润为191 873 708.06元,并根据公司章程的规定,从中提取10%的法定盈余公积金19 187 370.81元,加上年初未分配利润125 556 884.72元,减去2009年利润分配50 400 000.00元,截止2010年12月31日,可供股东分配的利润为205 174 876.52元,公司年末资本公积金余额979 120 914.66元。

公司2010年度利润分配及资本公积金转增股本预案为:拟以现有总股本33 600万股为基数,按每10股派发现金股利人民币2元(含税),共计派发现金6720万元;拟以现有总股本33 600万股为基数,以资本公积金转增股本,每10股转增8股,共计转增股本26 880万股。

【分析】在此,华谊兄弟董事会首先描述了公司可供分配利润的计算过程,然后规定了公司的利润分配预案为现金股利,并作出了公积金转增股本的决议。

**(4)重要事项**

①重大诉讼和仲裁事项。从年报披露可以看出,报告期内,华谊兄弟只发生了一次重大诉讼。

②公司收购、出售资产和吸收合并的情况。从年报披露可以看出,报告期内,华谊兄弟发生了5起重大的股权收购事件。

③重大关联交易事项。根据披露,报告期内华谊兄弟于2010年6月7日以人民币2086万元的转让价款收购了北京兄弟盛世企业管理有限公司持有的北京华谊兄弟音乐有限公司35%的股权,构成了重大资产收购的关联交易。从年度报告对关联方及关联交易的披露可以看出,北京兄

弟盛世企业管理有限公司也由王中军控制,与兄弟音乐有限公司构成了兄弟公司关系,故此项股权转让事项构成关联交易。该事项的披露对投资者起到了警示作用。

④重大合同和对外担保的情况。从年度报告中可以看出,报告期内华谊兄弟没有重大合同和对外担保事项,这说明公司对对外担保的控制良好,而且公司并不存在依赖单一重大合同等有损公司独立性的事项。

⑤持股5%以上的股东在指定的报刊、网站上披露承诺事项的情况。在这个部分,华谊兄弟主要披露了股东承诺的相关事项,如控股股东承诺不存在尚未了结的或可预见的重大诉讼、仲裁及行政处罚案件,而董事承诺具有与其任职职务相适应的任职资格等。

⑥改聘会计师事务所的情况。本部分披露的是公司是否存在改聘会计师事务所的情况。

### (5) 股本变动及股东情况

其内容具体包括:

①股权结构的变动情况和因首发承诺导致的股东持有的限售股份解禁和减持的情况。从华谊兄弟的披露可以看出,报告期内,公司的股本变动来自于公积金的转增,而且大部分限售股股东在其解禁时都减持了股份。

②控股股东及实际控制人的情况介绍。华谊兄弟的实际控制人为王中军和王中磊两兄弟。

### (6) 董事、监事、高级管理人员及员工情况

此部分主要包括以下内容:

①董事、监事和高级管理人员情况。
②在股东单位的任职情况。
③持股和报酬变动状况。
④董事、监事和高级管理人员变动情况。
⑤公司员工情况。

### (7) 公司治理结构

此部分主要包括以下内容:

①公司治理的现状，包括股东与股东大会、公司与股东、董事和董事会、监事和监事会、对高管绩效考核与激励，以及信息披露与透明度等情况。

②报告期内股东大会的运作情况（如召开会议的次数、股东大会的决议）、董事会的运作情况（如董事会次数、董事出席情况、董事会的决议）和独立董事的履职情况（如独立董事出席会议的情况和对公司有关事项处理情况）。

③公司在业务、人员、资产、机构、财务等方面与公司股东完全分开的情况。

④公司内部控制制度的建立健全情况，具体包括重要的内部控制制度的建立和健全情况、内部控制检查监督部门的设置情况、董事会对内部控制的工作安排情况、公司内部控制的自我评价情况，以及公司内部控制的披露情况。

**（8）监事会报告**

这部分要求披露监事会召开的状况。可以看出，在报告期内，华谊兄弟的监事会召开了5次会议，其中，监事会对以下内容发表了独立意见：

①公司经营的合法性。

②财务状况的真实性。

③募集资金投向是否按计划进行。

④买卖资产价格的合理性。

⑤关联交易的公平性。

⑥公司对外担保情况。

⑦对内部控制自我评价报告的意见。

⑧对审计意见和赢利预测的说明。

总体上，华谊兄弟的监事会对报告期内董事会和高管的工作表示认可，公司运营切实维护了公司利益和广大中小投资者权益。

**（9）财务会计报告**

这部分主要包括审计报告、财务报表和报表附注。

①在审计报告部分，审计师对公司的年度财务报告发表意见。

②财务报表主要包括四张基础报表，分别是资产负债表、利润表、现金流量表和权益变动表。这部分内容将在下一节详细介绍。

③会计报表附注是对四张基础报表的详细解释。在这里，公司应披露公司编制报表的基本方法、公司的所得税税率和处理办法，以及对理解上面四张报表有所帮助的事项。报表附注包含的基本内容有：

主要会计政策、会计估计和合并会计报表的编制方法；

主要税项和税率；

控股公司及合营企业；

会计报表主要项目注释；

关联方关系及交易；

或有事项；

承诺事项；

资产负债表日后事项中的非调整事项；

债务重组事项等。

【总结】一份完整的年报应该向信息使用者描绘出公司目前的经营状况和未来的经营前景，解释当前的业绩，展望未来的业绩，并从公司的股东、董事会、监事会、内部控制、对外担保等公司治理方面给未来发展预测提供支持。一般情况下，年报包含如下几个大的部分：公司基本情况简介；会计数据和业务数据摘要；董事会报告；重要事项；股本变动及股东情况；董事、监事、高级管理人员及员工情况；公司治理结构；监事会报告；财务会计报告。

## 二、财务报表

财务报表是年度报告中财务会计报告的核心部分，是利用会计这门通用的商务语言对企业过去一年经营活动和成果的总结。因此，通过会计语言对企业的经济事项加以翻译并作出总结后，只要采用的是同一会计准则，我们就可以对不同国度、不同行业和不同企业之间的经营作出比较。

> **知识链接**
>
> 会计准则，是指会计人员从事会计工作的规范和指南。各国都有自己的准则指定团体，有些国家是民间团体，有些国家是政府机构。例如，目前国际上很多国家都采纳的国际会计准则指定团体——国际会计准则委员会（IASB）就是一个民间团体，而我国的会计准则指定团体则是财政部的会计准则委员会。
>
> 我国现行的会计准则是 2006 年 2 月颁布的，并 2007 年 1 月 1 日开始在上市企业中施行。目前，我国现行准则体系的方针是有条件地采纳国际会计准则。而从 2012 年开始，我国将完全采纳国际会计准则。

目前，我国的财务报表体系由资产负债表、利润表、权益变动表和现金流量表四张报表组成。其中，资产负债表主要反应的是会计年度末——12 月 31 日当天的财务状况，利润表归纳的是会计年度中的经营成果，权益变动表则是对股东权益的变化的总结，而现金流量表展示的是在会计年度中企业现金流的变动，是对利润表的补充。四张报表立体地展现出在某一会计年度中企业的经营成果、现金流变动，以及经营成果和现金流变动对企业财务状况和所有者权益的影响。

## 1. 资产负债表

资产负债表是反映企业某一特定日期的财务状况的报表。财务状况是企业在某一时刻的所有资金运用状况和资金来源的状况，因此，资产负债表就如同是一张"快照"，拍摄出某个固定瞬间的企业财务状况。

（1）资产负债表要素

资产是指企业用以经营的有形的或无形的经济资源，并可在将来产生经济利益。用于资产投资的资金有两种基本来源，其一是所有者的投入和企业日常经营的累积,其二是从债权人处借入的资金。我们把所有者的投入和企业日常经营的累积称做所有者权益,而把从债权人处借入的资金称做负债。

资产、负债和所有者权益就是资产负债表的三大要素,它们之间满足如下会计恒等式:

$$资产 = 负债 + 所有者权益$$

①资产。根据《企业会计准则》的定义,资产是指企业资产,是过去的交易或事项形成的、由企业拥有或者控制的、预期会给企业带来经济利益的资源。根据资产转换成现金能力的快慢,资产可以区分为流动资产和非流动资产两种。

第一,流动资产是指可以在一个会计年度内转变为现金的那些资产。其主要项目包括:

现金及各种存款,指存放在企业中的现金和存放在银行中的存款;

交易性金融资产,指一些流动性很强的短期投资,包括债权投资和股权投资;

应收及预付款项,指由于使用商业信用在销售产品过程中发生的应收而未收的款项和为了获得原材料而预付的定金等款项;

存货,包括为了生产产品而库存的原材料、燃料、辅助材料和处于生产之中的在产品,以及完工入库的产成品。

第二,非流动资产则是指转变成现金的时间在一个会计年度以上的资产。其主要项目包括:

长期投资,指打算长期持有的投资,包括债权投资和股权投资;

固定资产,指用作生产资料的设备、厂房等;

无形资产,指没有实物形态的资产,如专利权、知识产品、版权、商标权等;

开发支出,指企业为了开发新产品而发生的支出;

递延所得税资产,税法上确认的收入和费用与会计上确认的有所不同,税法上计算的应税利润与会计上计算的利润也存在差异,致使税法上计算的所得税与会计上计算的所得税存在差异，如果税法上计算的所得税大于会计上计算的所得税，就会产生递延所得税资产；

其他资产，指除上述资产以外的其他非流动资产。

②负债。根据《企业会计准则》的定义，负债是指过去的交易或事项形成的现时义务，履行该义务会导致经济利益流出企业。根据负债偿还的时间长短，负债分为流动负债和长期负债。

第一，流动负债是指应该在一个会计年度内偿还的债务。其主要项目包括：

短期借款，一般指向银行借入的须在一个会计季度内偿还的资产；

交易性金融负债；

应付票据和应付账款，因为使用商业信用而在采购过程中产生了应付未付的款项，如果给供应商票据，那么就形成应付票据，如果没有以票据的形式表现，就形成应付账款；

预收货款，指在销售的过程中，对方预先支付的用以订购货物的定金及其他预付款项；

应付职工薪酬，主要是指应向员工支付的薪酬及其他福利；

应交税费，主要指应向政府缴纳而未支付的税金和其他费用；

应付利息，主要是指应向银行支付而未支付的利息；

应付股利，是指应向股东支付而未支付的股利；

其他应付款等。

第二，长期负债则是指偿还期限在一个会计年度以上的债务。其主要项目包括：

长期借款，主要是指偿还期限超过一个会计年度的银行借款；

应付债券，主要是指企业发行用以筹集资金的债券所形成的债务；

递延所得税负债，与递延所得税资产相反，指税法上计算的所得税少于会计上计算的所得税而产生的递延到后期支付的所得税负债。

③所有者权益。根据《企业会计准则》的定义，所有者权益是指资产减去负债后由所有者享有的剩余权益。所有者权益具有如下特征：

第一,本质上是一种经济资源的流入,在清算时,只有在清偿所有的负债后,才返还给所有者。

第二,除非发生减资、清算,企业不需要偿还所有者权益。

第三,所有者凭借所有者权益能够参与利润的分配。

由于来源不同,所有者权益可分为外部投入与内部积累:外部投入是指所有者投入到企业的资金,包括计入注册资本金的实收资本,以及不计入实收资本的资本公积;内部积累则是指企业在经营过程中获利累积下来的资金,又称作留存收益,既包括根据《公司法》计提的法定盈余公积和股东大会或董事会决定计提的任意盈余公积,又包括当年净利润计提盈余公积之后的在企业中累积留存下来的未分配利润。

### 案 例

根据华谊兄弟 2010 年的年度报告,2010 年 12 月 31 日,华谊兄弟的资产为 1 912 244 306.43 元,流动资产为 954 985 303.86 元,非流动资产为 957 259 002.57 元,负债为 355 067 496.69 元(全部由流动负债构成),所有者权益为 1 557 176 809.74 元,其中外部投入为 1 342 638 663.68 元(包括 336 000 000.00 元的实收资本和 1 006 638 663.68 元的资本公积),留存收益为 214 538 146.06 元(由 31 795 511.98 元的盈余公积和 182 742 634.08 元的未分配利润组成)。

【分析】从上面的这组数据,我们可以得出如下结论:

第一,华谊兄弟的资产规模为 1 912 244 306.43 元,这构成了华谊兄弟所有的资金运用,而资金来源包括举债和所有者权益,分别为 355 067 496.69 元和 1 557 176 809.74 元,总和也为 1 912 244 306.43 元,因此资金运用等于资金来源。

第二,华谊兄弟的流动资产与非流动资产大抵持平。

第三,资金中有 355 067 496.69 元来源于负债,其余的资金全部来源于所有者的投入和公司经营的累积,负债的比例为 18.57%,所有者权益的比例为 81.43%。

第四,公司的负债 100% 是流动负债,需要在 1 个会计年度内偿还。

第五，所有者权益中，外部投入为 1 342 638 663.68 元，占 86.22%，内部累积占 13.78%。

(2) 资产负债表分析应关注的问题

除了要了解上述基本原理外，企业总经理在分析资产负债表时，还应该关注以下几个方面：

①会计流动性。会计流动性指的是资产转换成现金的能力，也就是之前说过的变现能力。一般而言，流动资产的变现能力比固定资产要强。资产的流动性越强，意味着企业将资产转换成现金偿还债务的能力越强。但是另一方面，流动性越强的资产，其赢利能力越弱。例如，现金是流动性最强的资产，但如果闲置在那里，不仅无法升值，还可能因为通货膨胀而贬值，而如果将现金投资于某一长期项目，并用于购买固定资产等非流动性资产，虽然其流动性降低了，但其赢利能力却增强了。因此，企业总经理在运用资金时，要在资产的流动性与赢利能力之间作出权衡。

除此之外，资金的运用还跟企业所处的行业相关。案例中，华谊兄弟的流动资产和固定资产比例相当，这与其所处的行业是紧密相关的。华谊兄弟处于娱乐性行业，产品为电影、电视剧拷贝以及经纪服务，致使其在非流动资产上的投入较少。与之相比，制造业的非流动资产就要多很多。

②负债与所有者权益。负债和所有者代表着资金的来源。负债是企业借入的资金，而所有者权益则是所有者投入到企业的资金。前面说过，所有者投入的资金是不需要偿还的，而负债则受到法律的保护，是拥有优先求偿权的。因此，举债过多，会使企业资不抵债的可能性增加，而在企业经营不佳的时候，很有可能导致企业破产。

但是，举债也不是毫无益处，它除了能给企业带来所需的资金外，还能起到减少企业现金流外流的作用。如何理解举债会起到减少现金流流出的作用呢？主要原因在于，举债带来的利息支出可以作为计算所得税时的税前抵扣，因此减少了应纳税利润，从而减少了所得税支出，最终将更多的现金留在了企业中。因此，企业的总经理们也要慎重考虑资金来源的配置。

除了权衡举债给企业带来的风险和收益外,在配置资金来源时,总经理们还要考虑如下几个因素:

第一,一国的传统。国家和国家之间对于资金来源的依赖存在不同。例如,英美等国家的资本市场较为发达,在企业的资金来源结构中,所有者权益部分占更大的比重,而在德国、日本和我国等国家,银行在经济运行中发挥着重大作用,因此在企业的资金来源结构中,负债占的比重会更多一些。

第二,行业因素。不同行业的企业举债也会有所不同。一般而言,处于高风险行业的企业,其举债的比例要更少一些,这主要是因为,高风险行业的企业的债务偿还能力没有保证,对银行的吸引力不大。

第三,企业的具体状况。一般而言,经营稳定且资产中有更多的有形资产,特别是土地等资产的企业的举债比例更高一些。

③价值与成本。作为总经理,你还需记住的是,编制资产负债表时,采用的是历史成本原则。历史成本原则是现行会计制度依赖的三大原则之一,指的是,对会计要素的记录,应以经济业务发生时的取得成本为标准进行计量计价。这意味着,一旦取得后,企业的资产都以取得时的成本计量,所以即使通货膨胀时其价值有所增加,这部分增长也不在报表中反映出来。

这个原则对固定资产较多的企业而言,影响较大,因为固定资产的价值受到通货膨胀的影响较大。因此,总经理们在看企业资产负债表中的资产价值时,应记住这里所反映出来的资产价值是历史价值,而不是现在的资产价值,而实际上,现行价值很有可能大大地高于历史价值。

> **知识链接**
>
> 除了历史成本原则外,报表编制的其他两项原则是权责发生制原则和配比原则。
>
> 权责发生制原则指的是,在取得收到现金的权利或支付现金的责任时,以权责的发生为标志来确认本期的收入与费用、债权与债务。

**知识链接**

配比原则指的是,在某个会计期间内或某个会计对象取得的收入应与为取得该收入所发生的费用、成本相匹配,以求正确计算在该会计期间内或该会计主体所获得的净损益。

### (3) 资产负债表的基本格式

资产负债表有两种不同的披露格式,一是账户式,一是报告式。

① 账户式。在该格式下,资产负债表应遵循如下编制原理:

$$资产 = 负债 + 所有者权益$$

具体格式如表 8-2 所示。

表 8-2 账户式资产负债表

| 资产 | 期末数 | 年初数 | 负债和所有者权益 | 期末数 | 年初数 |
|---|---|---|---|---|---|
| 流动资产: | | | 流动负债: | | |
| 　货币资金 | | | 　短期借款 | | |
| 　交易性金融资产 | | | 　应付票据 | | |
| 　应收票据 | | | 　应付账款 | | |
| 　应收账款 | | | 　预收款项 | | |
| 　其他应收款 | | | 　应付职工薪酬 | | |
| 　存货 | | | 　应交税费 | | |
| 　流动资产合计 | | | 　流动负债合计 | | |
| 非流动资产: | | | 非流动负债: | | |
| 　可出售金融资产 | | | 　长期借款 | | |
| 　持有至到期投资 | | | 　应付债券 | | |
| 　长期股权投资 | | | 　长期应付款 | | |
| 　长期应收款 | | | 　预计负债 | | |
| 　投资性房地产 | | | 　非流动负债合计 | | |
| 　固定资产 | | | 　负债合计 | | |
| 　在建工程 | | | 所有者权益: | | |

续表

| 资产 | 期末数 | 年初数 | 负债和所有者权益 | 期末数 | 年初数 |
|---|---|---|---|---|---|
| 无形资产 |  |  | 实收资本 |  |  |
| 开发支出 |  |  | 资本公积 |  |  |
| 商誉 |  |  | 盈余公积 |  |  |
| 长期待摊费用 |  |  | 未分配利润 |  |  |
| 非流动资产合计 |  |  | 所有者权益合计 |  |  |
| 资产总计 |  |  | 负债和所有者权益总计 |  |  |

我国现行的资产负债表采用的就是账户式。资产负债表的左边是资金的运用，包括流动资产和非流动资产；右边则是资金的来源，包括举债产生的负债和所有者投入的所有者权益；二者的合计数应与资产总额相等。

②报告式资产负债表。在该格式下，资产负债表的基本编制原理如下：

$$资产 - 负债 = 所有者权益$$

采用该格式时，财务报告不需要分为左右两边，而是按资产、负债和所有者权益的先后顺序陈列，资产的金额减去负债的金额等于所有者权益的金额。

具体格式如表 8-3 所示。

表 8-3 报告式资产负债表

| 资产 | 期末数 | 年初数 |
|---|---|---|
| 流动资产： |  |  |
| 　货币资金 |  |  |
| 　交易性金融资产 |  |  |
| 　应收票据 |  |  |
| 　应收账款 |  |  |
| 　其他应收款 |  |  |

续表

| 资产 | 期末数 | 年初数 |
|---|---|---|
| 存货 | | |
| 流动资产合计 | | |
| 非流动资产： | | |
| 可出售金融资产 | | |
| 持有至到期投资 | | |
| 长期股权投资 | | |
| 长期应收款 | | |
| 投资性房地产 | | |
| 固定资产 | | |
| 在建工程 | | |
| 无形资产 | | |
| 开发支出 | | |
| 商誉 | | |
| 长期待摊费用 | | |
| 非流动资产合计 | | |
| 资产总计 | | |
| 流动负债： | | |
| 短期借款 | | |
| 应付票据 | | |
| 应付账款 | | |
| 预收款项 | | |
| 应付职工薪酬 | | |
| 应交税费 | | |
| 流动负债合计 | | |
| 非流动负债： | | |
| 长期借款 | | |
| 应付债券 | | |

续表

| 资产 | 期末数 | 年初数 |
|---|---|---|
| 长期应付款 | | |
| 预计负债 | | |
| 非流动负债合计 | | |
| 负债合计 | | |
| 所有者权益： | | |
| 实收资本 | | |
| 资本公积 | | |
| 盈余公积 | | |
| 未分配利润 | | |
| 所有者权益合计 | | |

## 2. 利润表

利润表是反映一段时间内企业经营成果的报表。它衡量的是企业的产出和投入之间的差额，也就是企业经营的净产出。

（1）**利润表要素**

在会计上，产出以收入衡量，投入则会发生费用，净产出则是利润。利润表的具体编制原理如下：

$$收入 - 费用 = 利润$$

①收入。在《企业会计准则》中，收入被定义为："收入是指企业在日常活动中发生的，会导致所有者权益增加的，与所有者投入资本无关的经济利益的总流入。"

在本质上，收入会导致经济利益的增加。但经济利益的流入并不是由所有者投入导致的，而是在企业的日常经营中产生的。经济利益的增加有广义和狭义之分。广义的收入是指，所有在日常经营中产生的与所有者投入无关的经济利益的增加。具体包括：

第一，主营业务收入。指构成企业最主要和最持续的收入来源，如制造水泥的企业，水泥是其主业，因此水泥收入构成了它的主营业务收入。

第二，其他业务收入。指不是企业最主要和持续的收入来源，但在企业的收入中也占有较大比重的收入来源，如制造水泥的企业，如果也出售水泥包装袋，那么这部分收入就构成了它的其他业务收入。

第三，资产价值变动的持有收益。为了使报表提供的信息更加准确，现行准则对某些流动性很强的项目，如交易性金融资产，采用公允价值计量，如果这些项目在报告期末增值，那么就会确认一项资产利得。

第四，投资收益。指企业持有其他企业的债权或股权而获得的收益。

第五，营业外收入。指一些偶发的、非经常性的项目产生的收入，如非经常性损益中界定的债务重组收入、固定资产处置收入等。

狭义的收入则仅包括主营业务收入和其他业务收入两项。可见，与广义的收入相比，狭义的收入具有更大的持续性。

在资产负债表中，收入产生的经济利益的增加最终会增加所有者权益，需计入所有者权益下的盈余公积和未分配利润。

②费用。与收入会导致经济利益的增加相反，费用则会导致经济利益的减少，但与收入类似，经济利益的减少与股东的行为无关。在《企业会计准则中》，费用的定义为："费用是指企业在日常活动所发生，会导致所有者权益减少的，与向所有者分配利润无关的经济利益的总流出。"

费用是在经营中发生的经济利益的流出，并最终会导致所有者权益的减少。与收入类似，费用也有广义和狭义之分。广义的费用是指，经营中发生的所有会减少经济利益的项目。主要包括：

第一，主营业务成本。指为了获得主营业务收入而发生的经济利益的流出，主要由经营过程中产生的人工、耗材和机器设备消耗组成。

第二，其他业务成本。指在产生企业其他业务收入的过程中发生的经济利益的流出。

第三，期间费用。管理费用、销售费用和财务费用是生产经营中不可或缺的部分，它们导致了经济利益的流出，但又无法确切归入某一业务。

第四，资产价值变动的持有损失。与资产增值相反，用公允价值计量的资产也有可能处于贬值状态，并产生持有损失。

第五，投资损失。企业在股权或者债权投资上也有可能蒙受损失，这就会产生投资损失。

第六，资产减值损失。不采用公允价值计量的资产也有可能产生价值变动的情况，但是会计上一般不确认和计量此类资产的价值增值，而确认和计量价值的减少。价值减少所产生的经济利益的流出会形成资产减值损失。

第七，营业外成本。与营业外收入类似，营业外成本则是偶发的非经常性的支出，是经济利益的非正常性流出。

第八，所得税。企业享受了国家提供的公共服务，必须向国家缴纳服务费，这也导致了经济利益流出企业。

狭义的费用则是指主营业务成本和其他业务成本，是企业持续性的经济利益的流出。

费用的发生最终会导致所有者收益的减少。

③利润。利润构成了利润表的最后一个要素。在《企业会计准则》中，利润被定义为："利润是收入与费用的比较。"

一般情况下，收入与费用之间应互相配比。配比有如下三种方式：

第一，因果配比。因果配比是最常用的一种配比方式。在这种方式下，相比较的收入和费用之间应有因果关系，换言之，费用是因，收入是果，费用的产生是为了获得收入。例如，商品流通企业中，商品销售成本的发生是为了取得商品销售的业务收入，这就是典型的因果配比。

第二，系统配比。系统配比则是指，在无法找到收入和费用之间因果关系时，采用系统的方法确认费用，并与收入相比较。固定资产折旧费用的计提就是系统配比原则的典型运用。因为无法判断固定资产具体是因为生产什么产品而耗费和耗费了多少，所以在计算固定资产耗费时，就只能采用系统的方法将固定资产的价值分摊到各个期间。固定资产折旧的计提方法有直线法、双倍余额递减法、年数总和法等。

第三，时间配比。最后一种收入和费用的配比方式称做时间配比。

在该方式下,当期的费用直接与当期收入相配比,如管理费用、销售费用和财务费用与收入直接的配比就采用这种方式。这三种费用,需要按每个会计年度实际的发生归集,却又无法归入具体的业务,因此可以将它们与收入进行时间配比。

> **知识链接**
>
> 一般情况下,企业的利润有如下几类:
>
> 主营业务利润,指主营业务收入和主营业务成本配比的结果;
>
> 其他业务利润,指其他业务收入和其他业务利润配比的结果;
>
> 资产价值变动损益,指价值增加产生的持产收益和价值减少产生的持产损失相比较的结果;
>
> 投资损益,指投资收益和投资损失相比较的结果;
>
> 营业外收支净额,指营业外收入和营业外支出相比较的结果。
>
> 这些利润项目再扣除三项期间费用、资产减值损失和所得税,就可获得企业经营的净利润。

## 案 例

根据华谊兄弟 2010 年的年度报告,在 2010 年,华谊兄弟共获得了 568 245 009.75 元的营业收入,发生了 276 924 674.18 元的营业成本、5 121 642.60 元的营业税金及附加、132 603 367.06 元的销售费用、18 136 688.96 元的管理费用、9 488 682.16 元的财务费用、9 633 595.14 元的资产减值损失、88 593 941.68 元的投资收益、8 579 419.00 元的营业外收入、5 551 460.10 元的营业外支出,以及 35 061 916.49 元的所得税费用。

【分析】利润表的计算原理为:

利润 = 主营业务利润 + 其他业务利润

  + 公允价值计量的资产价值变动损益 + 投资收益 + 营业外收支净额 – 三项期间费用(管理费用、销售费用和财务费用)

  – 资产减值损失 – 所得税

案例中，华谊兄弟 2010 年主营业务和其他业务的利润之和为：

568 245 009.75 − 276 924 674.18 − 5 121 642.60 = 286 198 692.97

公允价值计量的资产价值变动损益为 0。

投资收益为 88 593 941.68。

营业外收支净额为：

8 579 419.00 − 5 551 460.10 = 3 027 958.9

所以，根据利润表的计算原理，华谊兄弟 2010 年的最终净利润为：

286 198 692.97 + 0 + 88 593 941.68 + 3 027 958.9 −（132 603 367.06 + 18 136 688.96 + 9 488 682.16）− 9 633 595.14 − 35 061 916.49 = 191 873 708.06

### （2）利润表分析应关注的问题

作为企业的总经理，你不仅需要了解利润表的编制原理，还需要在分析利润表时把握以下几个问题：

①公认会计准则。首先，你必须记住的是，利润表的编制是按照现行的准则，根据权责发生制原则编制出来的，因此利润的大小并不代表企业的真金白银有多少。这是因为，在权责发生制原则下，我们通常不是在收到现金时，而是在收到现金的权利产生的时候确认为收入，同时也不是在支出现金时，而是在支付现金的义务产生的时候确认为费用。

②非现金项目。报表中有很多的非现金项目，这主要是指那些会导致收入增加但又没有实际现金流入和会导致费用增加但又没有实际现金流出的项目。也恰恰正是这些项目导致了利润和现金的偏离。最常见的非现金项目是折旧，它虽然增加了费用，但企业却不会因为它的产生而减少现金流。

③可变成本和固定成本。最后，企业总经理应关注可变成本和固定成本的关系。固定成本是指不会随着产量而变动的成本；与之相反，可变成本则是指会随着产量的增加而增加的成本。利润表中的营业成本是根据产品的种类或者批次估计出的产品单位成本，再乘以销售产品的个数计算出来的，因此反映不出可变成本和固定成本的关系。

但实际上，可变成本和固定成本对总经理来说尤为重要，因为可变成本和固定成本的比重可以反映一个企业经营风险的大小。固定成本占比大，企业在经济萧条时就会负担重，不容易实现经营的转型，故而经营风险大，而可变成本占比大的企业情况却相反。举一个简单的例子，一个咨询企业和一个钢铁企业，相比起来，钢铁企业的经营风险会更大。这是因为，在经济不好的时候，咨询企业不经营，便无须支付固定费用，但钢铁企业就不同了，即便没有生产，也必须支付机器设备折旧等固定费用。因此，相比而言，钢铁企业的负担会更重，风险也更大。

(3) **利润表的报告格式**

利润表的呈报也有两种基本格式，一种是多步式，一种是单步式。

①多步式。在该格式下，净利润分步骤得出。其具体格式如表8-4所示。

表8-4　多步式利润表

| 项目 | 本期数 |
|---|---|
| 营业收入 | |
| 　减：营业成本 | |
| 　　　主营业务税金及附加 | |
| 　　　期间费用 | |
| 　　　资产减值损失 | |
| 　加：公允价值变动收益 | |
| 　　　投资收益 | |
| 营业利润 | |
| 　加：营业外收入 | |
| 　减：营业外支出 | |
| 利润总额 | |
| 　减：所得税 | |
| 净利润 | |

多步式利润表的计算步骤如下：

第一步，计算主营业务和其他业务利润。

主营业务和其他业务利润＝营业收入－营业成本－营业税金及附加

第二步，计算营业利润。

营业利润＝主营业务和其他业务利润－期间费用－资产减值损失
　　　　＋公允价值变动收益＋投资收益

第三步，计算利润总额。

利润总额＝营业利润＋营业外收支净额

第四步，计算净利润。

净利润＝利润总额－所得税

②单步式。在该格式下，所有收入项目陈列在一起，所有的费用项目陈列在一起，最后一次性计算出净利润。其具体格式如表8-5所示。

表8-5　单步式利润表

| 项目 | 本期数 |
|---|---|
| 收入 | |
| 　营业收入 | |
| 　公允价值变动收益 | |
| 　投资收益 | |
| 　营业外收入 | |
| 　收入合计 | |
| 费用 | |
| 　营业成本 | |
| 　主营业务税金及附加 | |
| 　期间费用 | |
| 　资产减值损失 | |
| 　营业外支出 | |
| 　所得税 | |
| 　费用合计 | |
| 净利润 | |

单步式利润表为综合性的反应，与多步式利润表相比，所含信息量较少。

## 3. 权益变动表

权益变动表是指反映所有者权益各组成部分当期增减变动情况的报表。作为对资产负债表和利润表的有力补充,权益变动表应当全面反映一定时期内所有者权益的变动情况,旨在为报表阅读者提供有关所有者权益变动的来龙去脉,从而为其投资决策提供帮助。一定时期内的所有者权益的变动情况,不仅应包括所有者权益总量的增减变动,还应包括增减变动的结构性信息,特别是对直接计入所有者权益的利得和损失的反映。

**(1) 权益变动表的基本原理**

权益变动表没有专门的要素,主要用于展示所有者权益各项目变动的原因。其基本编制原理如下:

所有者权益在某一期间内的全部变动

= 期末净资产 – 期初净资产

= 某一期间内的全面收益 + 该期间内的业主投资

– 该期间内的派给业主款

其中,

全面收益 = 净利润 + 直接计入所有者权益的利得和损失项目及其总额

值得注意的是,根据目前的会计准则,直接计入所有者权益的利得和损失项目及其总额的有:

①可供出售金融资产公允价值变动净额。

②权益法下被投资单位其他所有者权益变动的影响。

③上述二者带来的所得税影响。

**(2) 所有者权益变动表应包含的项目**

按照我国2006年发布的《企业会计准则第30号——财务报表列报》的要求,在所有者权益变动表中至少应当单独列示反映下列信息的项目:

①净利润。

②直接计入所有者权益的利得和损失项目及其总额。

③会计政策变更和差错更正的累积影响金额。

④所有者投入资本和向所有者分配利润等。

⑤按照规定提取的盈余公积。

⑥实收资本、资本公积、盈余公积、未分配利润的期初和期末余额及其调节情况。

(3) 权益变动表的报告格式

权益变动表以矩阵格式陈列，具体如表8-6所示。

表8-6 所有者权益变动表格式

| 项目 | 本年金额 | | | | | | 上年金额 | | | | | |
|---|---|---|---|---|---|---|---|---|---|---|---|---|
| | 实收资本（或股本） | 资本公积 | 减：库存股 | 盈余公积 | 未分配利润 | 所有者权益合计 | 实收资本（或股本） | 资本公积 | 减：库存股 | 盈余公积 | 未分配利润 | 所有者权益合计 |
| 一、上年年末余额 | | | | | | | | | | | | |
| 加：会计政策变更 | | | | | | | | | | | | |
| 　　前期差错更正 | | | | | | | | | | | | |
| 二、本年年初余额 | | | | | | | | | | | | |
| 三、本年增减变动金额（减少以"-"号填列） | | | | | | | | | | | | |
| (一) 净利润 | | | | | | | | | | | | |
| (二) 直接计入所有者权益的利得和损失 | | | | | | | | | | | | |
| 1. 可供出售金融资产公允价值变动净额 | | | | | | | | | | | | |
| 2. 权益法下被投资单位其他所有者权益变动的影响 | | | | | | | | | | | | |

续表

| 项目 | 本年金额 | | | | | 上年金额 | | | | |
|---|---|---|---|---|---|---|---|---|---|---|
| | 实收资本（或股本） | 资本公积 | 减：库存股 | 盈余公积 | 未分配利润 | 所有者权益合计 | 实收资本（或股本） | 资本公积 | 减：库存股 | 盈余公积 | 未分配利润 | 所有者权益合计 |
| 3. 与计入所有者权益项目相关的所得税影响 | | | | | | | | | | |
| 4. 其他 | | | | | | | | | | |
| 上述（一）和（二）小计 | | | | | | | | | | |
| （三）所有者投入和减少资本 | | | | | | | | | | |
| 1. 所有者投入资本 | | | | | | | | | | |
| 2. 股份支付计入所有者权益的金额 | | | | | | | | | | |
| 3. 其他 | | | | | | | | | | |
| （四）利润分配 | | | | | | | | | | |
| 1. 提取盈余公积 | | | | | | | | | | |
| 2. 对所有者的分配 | | | | | | | | | | |
| 3. 其他 | | | | | | | | | | |
| （五）所有者权益内部结转 | | | | | | | | | | |
| 1. 资本公积转增资本（或股本） | | | | | | | | | | |
| 2. 盈余公积转增资本（或股本） | | | | | | | | | | |
| 3. 盈余公积弥补亏损 | | | | | | | | | | |
| 4. 其他 | | | | | | | | | | |
| 四、本年年末余额 | | | | | | | | | | |

从表 8-6 中可以看出，表的横栏列示的是所有者权益组成项目当期和上一期的金额，纵栏则列示的是所有者权益组成项目在一年中的变动，具体包括主要净利润带来的变动、直接进入所有者权益而不进入损益的利得和损失、所有者投入和向所有者分配资本，以及本年度的盈余公积计提和利润分配等。

下面，我们仍然以华谊兄弟为例，简单地分析华谊兄弟 2010 年的所有者权益变动。

### 案 例

2010 年，华谊兄弟的所有者权益变动为：

第一，股本。相对于上一年，华谊兄弟当年的股本没有发生太大的变化，引起变动的主要是当年的资本公积转增股本，增加股本 168 000 000.00 元。

第二，资本公积。2010 年度，华谊兄弟资本公积减少了 195 517 749.02 元，主要是因为购买子公司北京华谊兄弟音乐有限公司少数股东股权冲减资本溢价 27 517 749.02 元，以及转增股本减少了 168 000 000.00 元。

第三，库存股。相对于上一年度没有变动。

第四，专项储备。相对于上一年度没有变动。

第五，盈余公积。2010 年的盈余公积较年初有所增加，主要是计提盈余公积所致。

第六，一般风险准备。相对于上一年度没有变动。

第七，未分配利润。未分配利润相对于上一年增加了 79 617 991.80 元，计算如下：

当年未分配利润 = 净利润 − 计提盈余公积 − 利润分配
$$= 149\ 205\ 362.61 - 19\ 187\ 370.81 - 50\ 400\ 000.00$$
$$= 79\ 617\ 991.80 \text{元}$$

第八，少数股东权益。少数股东权益是指纳入公司合并报表的子公司归属于华谊兄弟以外的其他股东的权益。2010 年度，华谊兄弟的少数股东权益变动为 15 054 333.31 元，主要包括当年的净利润中归属于少数股东的部分，为 804 333.31 元，以及少数股东投入的资本，为 14 250 000.00 元。

【分析】综合上述各项目,就可以汇总得到华谊兄弟 2010 年所有者权益的整体变动情况。

## 4. 现金流量表

我们经常看见这样一个现象,某个企业的利润表形势一片大好,可它转眼间就破产了。这是为什么呢?主要原因在于,企业虽然有较好的净利润,但是这些利润大部分都是由赊销产生的营业收入拉动的,而赊销款项的回收困难导致企业资金链断裂,使企业最终陷入破产的境地。因此,在利润表和资产负债表之外,企业还需要一个报表解释现金流的现状和变动,这就是现金流量表。

作为对资产负债表中现金项目的重要补充,现金流量表是反映企业一定会计期内现金流入和流出的报表。在现金流量表中,现金是指广义概念上的现金,包括现金及现金等价物,具体由库存现金、银行存款、其他货币资金和现金等价物组成。

> **知识链接**
>
> 现金等价物是指企业持有的期限短(到期日在三个月以内)、流动性强、易于转换为已知金额现金、价值变动风险很小的投资,如短期国债、变性强的短期股权投资等。现金等价物虽然不是现金,但其支付能力与现金的差别不大,可将其视为现金。

(1) **现金流量表的编制原理**

与资产负债表、利润表和所有者权益变动表不同,现金流量表是按收付实现制原则编制的。其编制基本原理如下:

期末现金及现金等价物 = 期初现金及现金等价物 + 本期的现金流入 − 本期的现金支出

为了进一步反映现金流的详细信息,现金流量表中的现金流又根据企业财务管理的三项基本活动,详细区分为经营活动现金流、投资活动现金流和融资活动现金流。

①经营活动现金流。指在日常经营过程中发生的现金流，主要包括销售商品、提供劳务、购买货物、接受劳务、制造产品、缴纳税款等过程中发生的现金流入和流出。

经营活动现金流是最重要的一项现金流，因为经营活动是企业赖以生产的基础。

②投资活动现金流。指长期投资过程中发生的现金流，主要包括购买固定资产、长期债权和股权的投资，处置固定资产，回收长期投资，以及获得长期债权投资利息、股权投资股利等过程中发生的现金流入和流出。

投资活动现金流与企业的生命周期有着紧密的关系。一般而言，处于成长期的企业，投资活动中现金流出较多，而处于成熟期的企业，由于扩张较少，投资活动中现金流出较少。

③融资活动现金流。指在获取所需资金的过程中流入和流出的现金，主要包括股东投入和向债权人举债获得的现金流入、偿还债权人利息和本金所导致的现金流出、向股东支付股利所导致的现金流出等。

融资活动现金流的大小，首先与企业对资金的需求有关，其次与企业的融资能力有关。这又具体分为以下三种情况：

其一，如果企业有较多的投资项目，而融资能力又较强，那么融资活动现金流流入较大。

其二，如果企业有较多的投资项目，虽然融资能力不强，但经营很好，产生了很多的现金流，那么企业可以通过使用内部资金进行投资来获得增长，这时的融资活动现金流入较少。

其三，如果企业没有项目可供投资，即使融资能力很强，融资活动现金流入也不会太多。

从经营活动、投资活动和融资活动这三项现金流的不同组合模式，我们可以看出一个公司的经营状况。三项现金流常见的模式如表8-7所示。

表 8-7 现金流量模式表

| 项目 | 现金流量组合的不同模式 | | | | | | | | | | | | | |
|---|---|---|---|---|---|---|---|---|---|---|---|---|---|---|
| | 模式1 | | 模式2 | | 模式3 | | 模式4 | | 模式5 | | 模式6 | | 模式7 | |
| | 变化 | 净额 | 变化 | 净额 | 变化 | 净额 | 变化 | 净额 | 变化 | 净额 | 变化 | 净额 | 变化 | 净额 |
| 经营活动现金流量 | | 20 | | 20 | | 2 | | -105 | 5<br>-4.5 | 0.5 | | 18 | | 2 |
| 投资活动现金流量 | | -3 | | -22 | | -10 | | -55 | 0.05<br>-0.1 | -0.05 | | 10 | | 8 |
| 融资活动现金流量 | | -5 | | 3 | | -6 | | 213 | 22<br>-24 | -2 | | 5 | | -7 |
| 本期现金流量净额合计 | | 12 | | 1 | | -14 | | 53 | | -1.55 | | 33 | | 3 |
| 期初现金流量净额 | | 40 | | 5 | | 40 | | 30 | | 2 | | 38 | | 1 |
| 期末现金流量净额 | | 52 | | 6 | | 26 | | 83 | | 0.45 | | 71 | | 4 |

在表 8-7 中，共有 7 种模式，下面分别解释这几种模式。

模式1：保守经营。

这是一个保守经营的企业的现金流表现。经营活动取得了大量的现金流，却只有少量的扩张性投资，同时企业将现金返还给资金提供者，而且期初现金流充裕，期末仍然有大量的现金流富余。处于成熟期的企业常表现出这种现金流量状态。

模式2：高速发展。

这是一个处于高速发展之中的企业的现金流表现。经营活动产生的大量现金流被用于投资扩张，但因为企业的融资能力不足，融资活动现金流的流入不足，但好在经营活动足够争气，企业能够维持现金流的平衡，但总体上仍然表现出一些"现金流饥渴"的症状。这种现金流量状态在处于高速发展中的中小企业中较为常见。

模式3：吃老本。

这是一个处于吃老本状态的企业的现金流表现。企业经营一般，但为了进一步发展，进行出了大量投资，同时还给股东和债权人返还了大量现金，所以年度现金流总体上是支出，但是由于企业之前有一定的积累，有较为充足的现金流储备，因此仍能维持日常的需要。这种现金流状态在前期有大量现金流储备的企业中较为常见。

模式4：激进的高速发展。

这是一个处于激进的高速发展中的企业的现金流表现。在生产经营中，企业有大量的现金流流出，同时还进行了大量的投资，但因为融资能力强，外部的融资足以应付上述经营和投资的现金流需要，所以企业的现金流非常充沛。这种模式被克隆的可能性很小，只适合少数具有很强背景和核心竞争力的高速发展的企业，同时这种模式一般只是暂时性的，毕竟经营活动才是企业现金流的源泉。

模式5：陷入困境。

从该模式的现金流表现可以看出，企业已然陷入了财务困境，经营活动、投资活动和融资活动几乎都陷入了停滞状态，而且前期储备的现金流也很少，几乎不能维持经营。长此以往，企业将很快陷入资金链断裂的状态。

模式6：状态极佳PK现金滥用。

这种现金流模式非常少见。在该模式下，企业的三项活动都有很好的现金流表现，不仅在经营上产生了大量的现金，在投资上回收了大量现金，而且还从债权人和股东手中取得了现金，再加上期初的大量现金储备，企业的现金流异常充分。表现出这种现金流模式的企业，一般经营状态极佳，正在寻找新的扩张机会，但如果现金流没有好的投向，很有可能发生管理层滥用现金满足私利的现象。根据财务学研究的成果，如果企业经营状态良好，又没有新的扩张，将现金返还给股东是一个更好的选择。

模式7：衰退。

这是一个即将偃旗息鼓的企业的现金流表现。在该模式下，企业的经营产生了小额的现金流，长期投资处于回收资金的状态，企业还给股东和债权人返回了大量现金。

**（2）现金流量表的报告格式**

表8-8是现金流量表的基本报告模式。该报告格式对经营活动现金流、投资活动现金流和融资活动现金流进行了详细的分解，每一项都区分为流入和流出，流入项和流出项下又详细地列示了具体的流入和流出项目。

表8-8 现金流量表

| 项目 | 本期金额 | 上期金额 |
| --- | --- | --- |
| 一、经营活动产生的现金流量 | | |
| 　销售商品、提供劳务收到的现金 | | |
| 　收到的税费返还 | | |
| 　收到其他与经营活动有关的现金 | | |
| 经营活动现金流入小计 | | |
| 　购买商品、接受劳务支付的现金 | | |
| 　支付给职工以及为职工支付的现金 | | |

续表

| 项目 | 本期金额 | 上期金额 |
|---|---|---|
| 支付的各项税费 | | |
| 支付其他与经营活动有关的现金 | | |
| 经营活动现金流出小计 | | |
| 经营活动产生的现金流量净额 | | |
| 二、投资活动产生的现金流量 | | |
| 收回投资收到的现金 | | |
| 取得投资收益收到的现金 | | |
| 处置固定资产、无形资产和其他长期资产收回的现金净额 | | |
| 处置子公司及其他营业单位收到的现金净额 | | |
| 收到其他与投资活动有关的现金 | | |
| 投资活动现金流入小计 | | |
| 购建固定资产、无形资产和其他长期资产支付的现金 | | |
| 投资支付的现金 | | |
| 取得子公司及其他营业单位支付的现金净额 | | |
| 支付其他与投资活动有关的现金 | | |
| 投资活动现金流出小计 | | |
| 投资活动产生的现金流量净额 | | |
| 三、筹资活动产生的现金流量 | | |
| 吸收投资收到的现金 | | |
| 取得借款收到的现金 | | |
| 收到其他与筹资活动有关的现金 | | |
| 筹资活动现金流入小计 | | |
| 偿还债务支付的现金 | | |
| 分配股利、利润或偿付利息支付的现金 | | |
| 支付其他与筹资活动有关的现金 | | |
| 筹资活动现金流出小计 | | |

续表

| 项目 | 本期金额 | 上期金额 |
|---|---|---|
| 筹资活动产生的现金流量净额 | | |
| 四、汇率变动对现金及现金等价物的影响 | | |
| 五、现金及现金等价物净增加额 | | |
| 　　加：期初现金及现金等价物余额 | | |
| 六、期末现金及现金等价物余额 | | |

## 5. 母公司报表和合并报表

### （1）什么是母公司报表和合并报表

上市公司一般会在年度报告中列出母公司报表和合并报表这两种不同的报表。要了解母公司报表和合并报表，首先了解母公司和子公司的概念。

母公司是指至少拥有一个子公司的企业（或主体）。作为母公司，必须满足控制的要求，即能够决定子公司的财务和经营政策，并有据以从子公司的经营活动中获取利益的权力。

与之相应，子公司是指被母公司控制的企业。子公司必须被母公司控制，并且只能由一个母公司控制，不可能也不允许被两个或多个母公司同时控制。被两个或多个公司共同控制的被投资单位是合营企业，而不是子公司。

对于上市企业而言，母公司就是上市企业本身，子公司是上市企业控制的企业。因此，年度报告中披露出的母公司报表是针对于上市企业本身的财务状况、经营成果、现金流量和所有者权益变动情况的列报，而合并报表则是按照实质重于形式的原则，将上市企业及子公司视作一个整体而进行的列报。

有一点需要说明的是，合并报表的编制并不是简单地将各个子公司的报表和母公司报表相加，而是要将母子公司作为一个整体，这意味着，母子公司之间的关联交易要进行合并抵消。举一个简单的例子，假设母公司华谊兄弟接受了子公司——北京华谊兄弟音乐有限公司提供的音乐制作服务，这项业务同时在母公司华谊兄弟和子公司北京华谊兄弟音乐有限公司的报表上出现，在母公司的报表上反映为劳务产生的音乐资产，而在子公司的报表上则反映为提供劳务产生的收入和为产生收入而发生的成本，因此，如果将二者视作一个整体的话，这项交易就应该在合并报表内抵消，母公司要减少音乐资产，子公司要减少收入和相应的成本。

（2）合并报表的范围

根据《企业会计准则》，合并财务报表的合并范围应当以控制为基础予以确定。具体包括如下几种情况：

①母公司直接或通过子公司间接拥有被投资单位半数以上的表决权，表明母公司能够控制被投资单位，应当将该被投资单位认定为子公司，纳入合并财务报表的合并范围；但是，有证据表明母公司不能控制被投资单位的除外。

②母公司拥有被投资单位半数或以下的表决权，且满足下列条件之一的，视为母公司能够控制被投资单位：

第一，通过与被投资单位其他投资者之间的协议，拥有被投资单位半数以上的表决权。

第二，根据公司章程或协议，有权决定被投资单位的财务和经营政策。

第三，有权任免被投资单位的董事会或类似机构的多数成员。

第四，在被投资单位的董事会或类似机构占多数表决权。

但是，有证据表明母公司不能控制被投资单位的除外。

在确定能否控制被投资单位时，应当考虑企业和其他企业持有的被投资单位的当期可转换的可转换公司债券、当期可执行的认股权证等潜在表决权因素。母公司应当将其全部子公司，无论是小规模的子公司还是经营业务性质特殊的子公司，均纳入合并财务报表的合并范围。

由此可见，纳入合并报表的子公司一定是母公司可以影响其生产和经营决策的企业。

**【总结】**资产负债表、利润表、权益变动表和现金流量表是四张主要的财务报表。其中,资产负债表反映的是一个企业某个特定日期的财务状况,利润表反映的是一个企业某一段时间内的经营成果,权益变动表反映的是一个企业某一段时间内所有者权益的变化情况,现金流量表反映的是一个企业一段时间内现金(广义上的现金概念)变化的来龙去脉。上述四张报表互相补充,全面、立体地将企业的经营状况呈献给财务报告的使用者。

此外,在年度报告中,这四张报表既有母公司报表,又有合并报表。母公司报表仅仅针对上市企业一个实体,合并报表则是将上市企业控制的所有子公司都纳入到报表的范围之内。一定记住的是,合并报表的编制遵循的是实质重于形式的原则,母公司和子公司之间的内部关联交易应相互抵消,而不应在报表上有所反映。

# 三、审计报告

财务报表是企业内部编制的,所以投资者通常无法了解财务报表编制的真实性与公允性,换言之,投资者无法判断财务报表中反映出来的信息是否与企业的真实状况相符。为了解决这种信息不对称的问题,投资者通常求助于可信的第三方对企业编制的财务报表加以认证。审计报告就是起这样一种报告。

## 1. 什么是审计报告

审计报告是指注册会计师根据《中国注册会计师审计准则》的规定,在实施审计工作的基础上对被审计单位的财务报表发表审计意见的书面文件。审计报告是审计工作的最终成果,具有法律证明效力。

在年度报告中,审计报告也应是报表使用者重点关注的信息。审计报告一般出现在财务报告的第一个部分,对使用者阅读整个财务报告起引导作用。

审计报告是一种格式化的报告，根据《中国审计准则》，其一般包括以下主要内容：

(1) **标题**

标题统一规范为《审计报告》。

(2) **收件人**

审计报告应当载明委托人的全称，具体表述为"××公司全体股东"。

(3) **引言段**

此处应当说明被审计单位的名称，并阐明财务报表已经经过审计，指出经过审计的报表的具体名称，提及审计内容包括报表附注，以及明确审计涵盖的期间。

(4) **管理层对财务报表的责任段**

此处要说明管理层对财务报表应当承担的责任，具体包括：按照适用的会计准则和程序及相关会计制度的规定编制财务报表；设计、实施和维护与财务报表编制相关的内部控制，以使财务报表不存在由于舞弊或错误而导致的重大错报；选择恰当的会计政策以及作出合适的会计估计等。

(5) **注册会计师责任段**

此处表明注册会计师对财务报表的责任，应当明确：

①注册会计的责任是在实施审计工作的基础上对财务报表发表审计意见，与管理层的责任是分开的。注册会计师应按照《中国注册会计师审计准则》的规定，遵守职业道德规范，计划和实施审计工作，以对财务报表是否存在重大错报的情况进行合理保证。

②审计工作涉及实施审计程序，以获取有关财务报表金额和披露的审计证据。选择的审计程序取决于注册会计师的判断，包括对由于舞弊或错误导致的财务报表重大错报风险的评估。在进行风险评估时，注册

会计师应考虑与财务报表编制相关的内部控制，以设计恰当的审计程序，但目的并非对内部控制的有效性发表意见。审计工作还包括评价管理层选用会计政策的恰当性和作出会计估计的合理性，以及评价财务报表的总体列报。

③注册会计师相信已获取的审计证据是充分的、恰当的，从而为其发表审计意见提供基础。

（6）审计意见段

此处表明注册会计师在执行了适当的审计程序之后，对财务报表是否按照适用的会计准则和相关会计制度的规定进行编制，是否在所有重大方面公允地反映了被审计单位的财务状况、经营成果和现金流量发表的意见。

（7）签章和会计师事务所地址

此处载明负责审计的注册会计师的签名及盖章、事务所公章和会计师事务所的地址。

（8）报告日期

指形成审计意见的具体日期，该日期不应在注册会计师获取充分、适当的审计证据之前。

## 2. 审计报告的作用

图 8-1 展示了财务报表、外部信息使用者和审计之间的关系。从图中可以看出，审计和审计的最终结果——审计报告，在企业和外部信息使用者之间主要起到消除信息不对称的鉴证作用和对投资者的保护作用。

（1）鉴证作用

鉴证作用指的是鉴证财务报表的真实性和公允性，换言之，签发审计报告的注册会计师以其职业精神和超然独立的第三方身份，对被审计单位财务报表的合法性、公允性以及会计处理方法的一贯性发表意见。

（2）保护作用

既然有专业的注册会计师发表意见，那么外部信息使用者在使用财

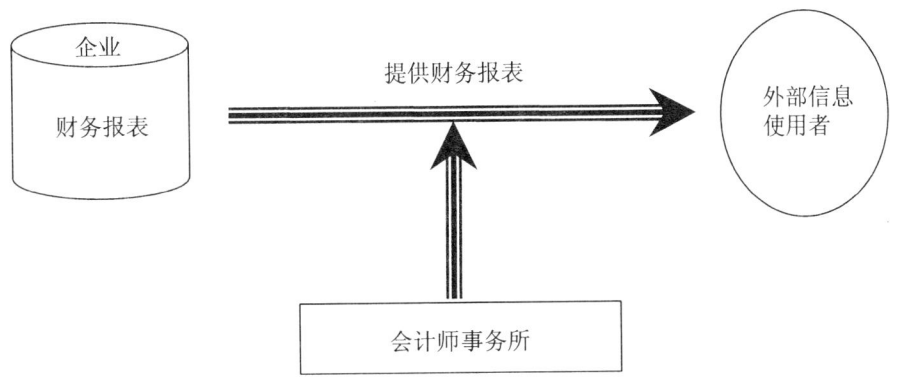

图 8-1 财务报告、外部信息使用者和审计的关系

务报表信息时,就有了可依赖的意见,从而增加使用信息的效率和决策的正确性,这就对外部信息使用者起到了一定的保护作用。

除此之外,审计报告的出具也对注册会计师起到了一定的证明作用。通过审计报告,注册会计师可以证明其完成的审计工作,履行了必要的审计责任,从而在企业出现审计方面的问题时,减少诉讼的可能性。

## 3. 审计意见的类型

审计意见的类型决定了注册会计师对被审计单位的财务报表是持认可态度还是持否定态度。根据审计结果,审计意见有如下五种类型:标准无保留意见、带强调事项段的无保留意见、保留意见、否定意见和无法表示意见。

(1) 标准无保留意见

标准无保留意见一般表述如下:

我们认为,上述财务报表已经按照企业会计准则的规定编制,在所有重大方面公允反映了贵集团和贵公司××××年××月××日的财务状况以及××××年度的经营成果和现金流量。

在标准无保留意见段中,要注意如下关键措辞:
①应当以"我们认为"作为意见段的开始。
②适用"在所有重大方面"和"公允反映"。

那么，什么样的财务报表，注册会计师可以签发标准无保留意见呢？

第一，财务报表已经按照适用的会计准则和相关会计制度的规定编制，在所有重大方面公允反映了被审计单位的财务状况、经营成果和现金流量。

第二，注册会计师已经按照《中国注册会计师审计准则》的相关规定计划和实施了审计工作，且在审计过程中未受到审计限制。

第三，没有必要在审计报告中增加强调事项段或任何修饰性用语。

可见，标准无保留意见是注册会计师对企业财务报表的充分肯定，是最好的审计结果。我国大部分上市企业收到的都是标准无保留意见，如注册会计师给华谊兄弟2010的财务报表出具的就是标准无保留意见。

> **知识链接**
>
> 审计受限的两种情况：
>
> 第一，客观环境造成的限制。例如，由于被审计单位存货的性质或位置特殊等原因导致注册会计师无法实施存货监盘等。在客观环境造成限制的情况下，注册会计师应当考虑是否可能实施替代审计程序，以获取充分、适当的审计证据。
>
> 第二，管理层造成的限制。例如，管理层不允许注册会计师观察存货盘点，或者不允许对特定账户余额实施函证等。在管理层造成限制的情况下，注册会计师应当提请管理层放弃限制，如果管理层不配合，则应当考虑这一事项对风险评估的影响以及是否可能实施替代审计程序，以获取充分、适当的审计证据。

（2）带强调事项段的无保留意见

比标准无保留意见更差一点的审计意见是带强调事项段的无保留意见。这种意见虽然也对企业的财务报表出具了无保留意见，但注册会计师认为，企业的财务报表中有重大事项应当予以强调，以提请投资者关注。

一般情况下，当重大事项符合如下两个条件时，注册会计师应出具强调事项段的无保留意见：

①可能对财务报表产生重大影响，但被审计单位已进行了恰当的会计处理，并在财务报表中作出了充分的披露。

②不影响注册会计师发表审计意见。

带强调事项段的无保留意见一般在无保留审计意见后加强调事项，我们以北京永拓会计师事务所有限责任公司在2010年对ST大路出具的审计意见为例，对此作简要说明。

### 案 例

2010年度，ST大路的审计报告披露如下：

……

三、审计意见

我们认为，上述财务报表已经按照企业会计准则的规定编制，在所有重大方面公允反映了贵集团和贵公司2010年12月31日的财务状况以及2010年度的经营成果和现金流量。

四、强调事项

1. 如附注一、1所述，在2004年7月，贵公司定向增资发行B股150 000 000股，其中91 300 000股以港币认购，另有58 700 000股以人民币认购。以人民币认购B股事项未经国家外汇管理部门批准，该部分股份也未得到中国注册会计师验证，是贵公司尚未完成工商变更手续。

根据2006年6月8日的股东大会决议，贵公司按每10股送2股的比例向全体股东分派红股117 720 000股。送红股后，贵公司注册资本变更为706 320 000人民币元。该部分股份未得到中国注册会计师验证，贵公司也尚未完成工商变更手续。

……

【分析】案例中，审计报告在标准无保留意见之后给出了强调事项。ST大路2004年的B股增发和2006年的送红股的手续不完备，有可能对信息使用者理解企业的财务报表造成重大影响，但又不影响已发表的审计意见，故被出具带强调事项段的无保留意见。

**（3）保留意见**

根据《中国审计准则》，如果认为财务报表整体是公允的，但还存在下列情形之一，注册会计师应当出具保留意见的审计报告：

①会计政策的选用、会计估计的作出或财务报表的披露不符合适用的会计准则和相关会计制度的规定，虽影响重大，但不至于出具否定意见的审计报告。

②因审计范围受到限制，不能获取充分、适当的审计证据，虽影响重大，但不至于出具无法表示意见的审计报告。

保留意见的出具意味着注册会计师无法全面认同企业的财务报表。保留意见应通过在注册会计师责任段之后、审计意见段之前添加说明段，清楚地说明发表保留意见的原因所在。当出具保留意见的审计报告时，注册会计师应当在审计意见段中使用"除……的影响外"等术语。如果因审计范围受到限制，注册会计师还应当在注册会计师的责任段中提及这一情况。

**案 例**

百科集团是2010年首份被出具保留意见的年度报告，审计意见中的部分说明段表述如下：

"（一）百科集团期末拥有账面投资金额为7505.43万元、持股比例为100%股权的天津溪储板材有限公司，以及该公司持有80%股权的多伦滦源治沙造林有限公司，均未纳入2010年合并财务报表范围。百科集团期末还拥有账面投资金额为684.16万元、持股比例41%的大连加中百科钢铁贸易有限公司，投资金额为1060.62万元、持股比例为40%的本溪板材有限公司，投资金额563.08万元、持股比例为38%的沈阳百科钢铁加工有限公司，以及投资金额为4469.90万元、持股比例为24%的多伦宝源矿产品开发有限公司，因2010年失去对这些公司的控制和影响，按成本法核算。

"由于审计范围受限，我们未能实施必要的审计程序以获取充分、适当的审计证据以判断上述长期股权投资账面期末及期初相关余额的公允性及其发生减值的可能性。

"我们认为，除了前段所述未能实施函证可能产生的影响外，贵公司财务报表已经按照企业会计准则的规定编制，在所有重大方面公允地反映了贵集团和贵公司2010年12月31日的财务状况以及2010年度的经营成果和现金流量。"

【分析】由此可见，长期投资账面价值的公允性及其发生减值可能性的无法验证，属于审计受限的范围，它将影响到信息使用者对财务报表的使用，甚至会对企业的持续经营产生影响，因此被注册会计师出具了保留意见。

(4) 否定意见

根据《中国审计准则》，如果认为财务报表没有按照适用的会计准则和相关会计制度的规定编制，未能在所有重大方面公允地反映被审计单位的财务状况、经营成果和现金流量，注册会计师应当出具否定意见的审计报告。因为否定意见意味着对企业财务报表的全盘否认，是注册会计师和被审计单位都不愿看到的，因此此类意见非常少见。

与保留意见相同，否定意见应通过在注册会计师责任段之后、审计意见段之前添加导致否定意见的事项，清楚地说明发表保留意见的原因所在，并在可能的情况下，指出其对财务报表的影响程度。此外，当出具否定意见的审计报告时，注册会计师应当在审计意见段中使用"由于上述问题造成的重大影响"、"由于受到前段所述事项的重大影响"等术语。审计意见段一般表述如下：

我们认为，由于受到前段所述事项的重大影响，贵公司财务报表没有按照适用的会计准则和相关会计制度编制，未能在所有重大方面公允地反映贵公司×××年××月××日的财务状况以及×××年度的经营成果和现金流量。

(5) 无法表示意见

根据《中国审计准则》，如果审计范围受到限制可能产生的影响非常重大和广泛，不能获取充分、适当的审计证据，以至于无法对财务报表发表审计意见，注册会计师应当出具无法表示意见的审计报告，即对被审计单位的财务报表既不发表肯定或否定意见，也不发表保留意见。

同样，《中国审计准则》对无法表示意见类型的审计报告的表述作出了规范：与保留意见和否定意见相同，无法表示意见也应当在审计意见段之前增加说明段，清楚说明所持意见的主要理由。当出具无法表示意见的审计报告时，注册会计师应当删除注册会计师的责任段，并在审计意见段中使用"由于审计范围受到限制可能产生的影响非常重大和广泛"、"由于无法实施必要的审计程序"、"由于无法获得必要的审计证据"、"我们无法对贵公司的财务报告发表意见"等术语。ST源发2009年度的财务报表就被注册会计师出具了无法表示意见，其审计意见段具体表述如下：

由于审计范围受到限制可能产生的影响非常重大和广泛，我们无法对贵公司的财务报表发表意见。

**【总结】**审计报告是审计工作的结果，是对审计工作的全面总结，是评价被审计单位财务报表合法性和公允性的重要工具，是向审计服务需求者传达其所需信息的重要手段，主要起到鉴证被审计企业的财务报表，保护被审计企业的投资者，并证明注册会计师履行了审计程序的作用。

审计报告的核心在于审计意见，审计意见表明了注册会计师对企业的财务报表的合法性和公允性的判断。审计意见共有五种，分别为：

第一，标准无保留意见。出具标准无保留意见是皆大欢喜的结局，是被审计企业和注册会计师都乐意看到的结果，意味着注册会计师对企业财务报表的全盘接受。

第二，带强调事项段的无保留意见。这种意见是比标准无保留意见略差一点的结果。出具这种意见，表明注册会计师除了有一些不影响审计意见的强调事项要提请投资者注意外，对企业的财务报表持肯定态度。

第三，保留意见。如果认为财务报表整体是公允的，但还存在会计政策的选用、会计估计的作出或财务报表的披露不符合会计准则和相关会计制度的规定，或因审计范围受限，不能获取充分、适当的审计证据，虽影响重大，但不至于出具否定意见的审计报告的情况时，注册会计师应当出具保留意见的审计报告。这种意见对财务报表的否定程度比带强调事项段的无保留意见要强烈一些。

第四，否定意见。这是注册会计师和被审计企业都最不愿意看到的结果。这种意见意味着企业的财务报表没有按照适用的会计准则和相关会计制度的规定编制，未能在所有重大方面公允地反映被审计单位的财务状况、经营成果和现金流量，表明注册会计师对企业的财务报表持完全否定的态度。

第五，无法表示意见。如果审计范围受到限制可能产生的影响非常重大和广泛，不能获取充分、适当的审计证据，以至于无法对财务报表发表审计意见，注册会计师应当出具无法表示意见的审计报告，即对被审计单位的财务报表既不发表肯定或否定意见，也不发表保留意见。

# 附录

## 一、企业上市成功案例

### 1. 华谊兄弟上市征程大事记

◆2004年11月，公司前身浙江华谊成立。

◆2005年9月—2007年11月，为达到既定的股权目标，进行了6次股权转让和增资。

◆2008年1月，整体变更为股份公司。

◆2008年2月，公司进一步增资扩股。

◆2008年6月，华谊兄弟向中国证监会递交了中小板上市申请。

但是，其后的金融危机在全球蔓延，世界范围内的融资体系均进入停滞状态。9月16日，中国证监会发审委暂停新股发行审核，历时9个多月。

◆2009年7月26日，创业板开闸，华谊兄弟再次提交上市申请。

◆2009年9月27日，中国证监会创业板发审委公告华谊兄弟传媒股份有限公司IPO申请获通过。

◆2009年10月9日—10月12日，路演和初步询价。

◆2009年10月14日，网上路演。

◆2009年10月15日，网下发行申购和网上发行申购同时进行。

◆2009年10月19日，公布网下配售结果。

◆2009年10月20日，公布网上中签结果。

### 2. 海普瑞药业上市征程大事记

◆1998年4月，海普瑞实业成立。

◆2002年9月，海普瑞实业更名为海普瑞药业。

◆2007年6月—2007年9月，为达到既定的股权目标，进行3次股权转让和增资。

◆2007年12月，整体变更设立股份有限公司。

◆2009年6月，进一步增资扩股。

◆2009年后半年，向中国证监会递交了创业板上市申请。

◆2010年1月15日，中国证监会创业板发审委公告海普瑞药业股份有限公司IPO申请获通过。

◆2010年4月19日—4月21日，询价推介。

◆2010年4月22日，公布网下配售结果。

◆2010年4月23日，网上路演。

◆2010年4月26日，网上发行申购。

◆2010年4月28日，公布网上申购结果。

## 二、国内外知名上市中介机构

### 1. 承销商

#### （1）中信证券股份有限公司

中信证券股份有限公司是中国证监会核准的第一批综合类证券公司之一，前身为中信证券有限责任公司，于1995年10月25日在北京成立，现注册资本9 945 701 400.00元。2002年12月13日，经中国证券监督管理委员会核准，中信证券向社会公开发行4亿股普通A股股票，并于2003年1月6日在上海证券交易所挂牌上市交易，股票简称中信证券，股票代码为600030。其承销的经典项目包括：天顺风能、聚光科技、立讯精密、农业银行等。

(2) **国信证券有限责任公司**

国信证券有限责任公司是全国性大型综合类证券公司，是中国证券市场拓荒者之一。公司前身为深圳国际信托投资公司证券业务部。该业务部为中国证券市场最早的三家营业部之一，20 世纪 90 年代初期其股票交易量占整个市场的 30% 以上。1994 年 10 月，为适应证券经营机构分业管理和自身业务发展的要求，深圳国投证券有限公司正式成立，注册资本为 1 亿元。2004 年 12 月 1 日，国信证券获得创新试点券商资格。其承销的经典项目有：风华高科、江西铜业、海虹控股等。

(3) **中国国际金融有限公司**

中国国际金融有限公司成立于 1995 年 8 月，是由国内外著名金融机构基于战略合作关系共同投资组建的中国第一家中外合资投资银行，注册资本为 1.25 亿美元。公司总部位于北京，在国内的主要城市，如香港、上海、深圳等设立了分支机构。其承销的经典项目有：招商银行、国电电力、交通银行、东方汽车、中国人保等。

(4) **广发证券股份有限公司**

广发证券股份有限公司的前身为 1991 年 9 月 8 日成立的广东发展银行证券部，1993 年成立公司，1996 年改制为广发证券有限责任公司，2001 年整体变更为股份有限公司。2010 年 2 月 12 日，公司在深圳证券交易所成功实现借"壳"上市，股票代码为 000776。公司是中国证监会核准的首批综合类证券公司之一，并于 2004 年 12 月获得创新试点资格。其承销的经典项目有：海亮股份、特锐德、光迅科技、奥飞动漫、海大集团等中小板和创业板公司，以及栖霞建设、康美药业和燕京啤酒等主板公司。

(5) **平安证券有限责任公司**

平安证券有限责任公司成立于 1991 年 8 月，是中国平安（601318.SH；2318.HK）综合金融服务集团旗下的重要成员。凭借平安集团雄厚的资金、品牌和客户优势，秉承"稳中思变，务实创新"的经营理念，公司建立了非常完善的风险控制体系，各项业务均保持着强劲的增长态势，历经19年稳健经营，已成长为国内主流券商之一。公司在中小板和创业板的保荐上有丰富的经验，连续三年被深圳证券交易所授予"中小企业板最佳保荐人"称号。其承销的经典项目有：獐子岛、金螳螂、南国置业、恒信移动、国联水产和天马精化等。

（6）**中国银河证券股份有限公司**

中国银河证券股份有限公司是经中国证监会批准，由中国银河金融控股有限责任公司作为主发起人，联合4家国内投资者共同发起设立，于2007年1月26日正式成立的全国性综合类证券公司。中央汇金投资有限责任公司为公司实际控制人。公司总部设在北京，注册资本为60亿元。在股权融资方面，银河证券完成了中煤能源、中国银行、中国国航、中国人寿、中国平安、交通银行、中国神华、中国铝业、南方航空等多家大型企业的承销保荐工作，销售定价能力得到了监管机构和全行业的广泛认可，并成功完成了近百个具有较大市场影响力的财务顾问项目。

（7）**国泰君安证券股份有限公司**

国泰君安证券股份有限公司是国内最大的综合类证券公司之一，由国泰证券有限公司和君安证券有限责任公司于1999年合并而成，注册资本为47亿元，2010年底净资本为173.7亿元，经营业绩在业内位居前列，经营管理、风险控制、合规体系、信息技术等水平领先。其承销的经典项目有：通裕重工、鼎龙化学、四方达、史丹利等。

（8）**海通证券股份有限公司**

海通证券股份有限公司成立于1988年，前身为上海海通证券公司，是我国最早成立的证券公司之一，于1994年改制为有限责任公司，并发展成全国性的证券公司。2001年底，公司整体改制为股份有限公司。2002年，经中国证监会批准，公司注册资本金增至87.34亿元，成为当时国内证券行业中资本规模最大的综合性证券公司。2005年，经中国证券业协会评审通过，海通证券成为创新试点券商。其承销的经典项目有：浦发银行、民生银行、深发展、亿阳信通、用友软件、上海贝岭等。

### （9）招商证券股份有限公司

招商证券股份有限公司是一家以国有大型交通企业为主要股东的综合类券商，创建于1991年，是在招商银行证券业务部的基础上发展壮大起来的。该公司的电子化技术在国内一直处于领先水平，并推出了支持网上交易的证券专业网站——招商证券牛网，还获得了国内首批网上证券交易资格。2001年7月，公司推出了第一个多媒体客户服务中心——证券e号通。2003年5月30日，中国证券业协会授予招商证券从事代办股份转让主办券商业务资格。2009年11月，招商证券成功IPO并在上海证券交易所上市，股票代码为600999。其承销的经典项目有：合众思壮、数字政通、大华农、三金药业、好想你、海能达等。

### （10）中信建投证券有限责任公司

中信建投证券有限责任公司成立于2005年11月2日，是中国证监会批准设立的全国性大型综合证券公司。2009年，公司获得上海证券交易所颁发的"优秀投资银行"奖。其承销的经典项目有：中国国旅、华谊兄弟、北京银行、青岛海尔、深圳机场、盐田港等。

## 2. 会计师事务所

### （1）普华永道会计师事务所

普华永道会计师事务所是四大国际会计师事务所之一，主要服务领域包括审计、税务、人力资源、交易、危机管理等。它由普华（Price Waterhouse）和永道（Coopers & Lybrand）于1998年合并组建而成。普华永道会计师事务所在中国大陆的经营实体名字为普华永道中天会计师事务所。其国际客户主要有埃克森、IBM、日本电报电话公司、强生公司、高盛集团、美国电报电话公司、英国电信、戴尔电脑、福特汽车、雪佛莱、康柏电脑和诺基亚等著名企业，国内客户主要有中国建设银行、中国银行、中国石油、中钢集团、中国铝业、中煤集团、中国联通、中国交通银行、中国国家开发银行、华能国际、大唐电力、民生银行、中国人寿、东方资产管理公司、中国邮政、中交集团、新浪网、网易、搜狐、东方航空等知名企业。

（2）**安永会计师事务所**

安永会计师事务所的前身是 1903 年成立于美国克利夫兰的 Ernst & Ernst 会计公司（1979 年后合并为 Ernst & Whinney）和 1894 年成立于美国纽约的 Arthur Young 会计公司，目前是世界四大会计师事务所之一，主要提供审计、税务及财务交易咨询等服务。其国际客户主要有英国石油、康菲石油、道达尔、麦格纳娱乐公司、荷兰合作银行、派杰、美国邮政、英国皇家邮政、ABB、德尔福、伊顿公司、时代华纳、维珍传媒、希尔顿、特朗普娱乐度假村公司、万宝路、亚马逊、美国电话电报公司、法国电信、德国电信、美国航空、英国航空等著名企业，国内客户主要有中海油、宝山钢铁、武汉钢铁、马鞍山钢铁、江西铜业、西部矿业、中国工商银行、平安保险、三九医药、中国铁建、中国南车、华硕和百度等知名企业。

（3）**德勤会计师事务所**

德勤会计师事务所，为国际四大会计公司之一，是德勤全球在美国的分支机构，主要服务项目有会计和审计、税务咨询和税务规划、信息技术咨询、管理咨询以及兼并和收购咨询。其国际客户主要有沃德芬公司、克莱斯勒、波音、微软、摩根士丹利、美国通用汽车、嘉信投资、陶氏化学、克莱斯勒汽车、纽约时报、大都会人寿、西尔斯百货、金佰利、宝洁、美林、星巴克、德尔塔航空、联邦快递、奥美广告、家乐福、北电网络、荷兰银行、纳贝斯克等著名企业，国内客户主要有台积电、裕隆汽车、太平洋百货、新光三越、台视、华视、中华航空、中华电信、长江实业、华润集团、招商局、上海实业、天津发展、上海汽车、深圳高速、兖州煤业、一汽丰田、神龙汽车、物美、家世界、亚信科技、华远房地产等知名企业。

（4）**毕马威会计师事务所**

毕马威会计师事务所是四大国际会计师事务所之一，于 1987 年由 Peat Marwick International（PMI）和 Klynveld Main Goerdeler（KMG）的各

个成员机构合并而成，专门提供审计、税务和咨询等服务。其国际客户主要有埃森哲、英国艾铭、Carillion建筑公司、加德士、西提戈、戴文能源、哈里伯顿、哈士奇、AIB、安泰、安联股份公司、澳新银行、佐治亚彩票、圣玛丽大学、圣克拉拉大学、安塞尔、凯泽基金会、Res–Care、凯悦集团、旭硝子公司、巴斯夫、建材控股公司、英国广播公司、贝塔斯曼、独立电视台、奥多比系统、苹果电脑、大东电报局、世纪电讯等著名企业，国内客户主要有香港电灯、欧尚、国泰航空公司、中国南航、中国建设银行、中信银行、东亚银行、汇丰银行、恒生银行、中国移动、中国电信、港铁公司、中国石化、海富通基金、国联安基金、九龙仓、会德丰地产、电讯盈科等知名企业。

（5）**中瑞岳华会计师事务所**

中瑞岳华会计师事务所成立于2007年，由中瑞华恒信会计师事务所与岳华会计师事务所强强联合而成，是目前国内最大的本土会计师事务所，是我国第一家转制的特殊普通合伙制会计师事务所，被财政部、证监会授予第一批H股审计资格。中瑞岳华提供年报审计、专项审计、上市审计、上市评估、验资、咨询、税务筹划、工程造价咨询（甲级）、房地产评估及土地评估等专业服务。其主要客户有：航天科工、中航工业、国家电网、南方电网、华能集团、国电集团、金融街、西飞国际、国电电力、成发科技、东北制药、中航黑豹、中国进出口银行、国家开发银行、英大泰和保险、中国工商银行、慕尼黑再保险北京分公司、中国农业银行、银泰证券、威立雅等。

（6）**立信会计师事务所**

立信会计师事务所由中国会计泰斗潘序伦博士于1927年在上海创建，是中国最早建立和最有影响的会计师事务所之一，于1986年复办。目前事务所已转为特殊普通合伙制会计师事务所，拥有财政部、证监会授予的H股审计资格。其业务范围包括审计、工程造价咨询、税务咨询等，主要客户有东风汽车、上海机场、上港集团、中船重工、包钢稀土、中船工业、大唐电信、紫江企业、上海家化、亨通光电等。

### (7) 浙江天健会计师事务所

浙江天健会计师事务所成立于 1983 年 12 月，是由我国一批资深注册会计师投资创办的全国性大型专业会计中介服务机构。2010 年，根据中国注册会计师协会排序，浙江天健位列全国内资所第四。2010 年 12 月 7 日，浙江天健获得从事 H 股企业审计资格。公司业务范围包括：鉴证财务报表、验证企业资本、承办资产评估、审核基建决算、设计会计制度、担任会计顾问、办理税务鉴证、提供管理咨询、培训财会人员、鉴定司法会计等。客户涉及能源、交通运输、通讯、机械、金融、建筑、房地产、电子、生物工程、医药、化工、家电、商业、纺织、旅游、食品、汽车制造、IT 行业、港口、农业、林业等多个行业领域。天健在 IPO 领域创造了多个第一：第一家在上海证券交易所上市交易的异地上市公司——凤凰化工，第一家自然人控股的 A 股上市公司——天通股份，第一家台商投资并控股的 A 股上市公司——国祥股份，第一家外商投资并控股的 A 股上市公司——宁波东睦，第一家在深圳证券交易所中小企业板发行的上市公司——新和成，以及第一家自然人作为发起人的 A 股上市公司——浙江海纳。

### (8) 京都天华会计师事务所

京都天华会计师事务所是 Grant Thornton International 的中国成员所。Grant Thornton International 是由全球各地独立拥有及管理的成员所组成的国际组织，在专业会计界享有领导地位。京都天华是拥有内地从事 H 股企业审计资格的大型会计师事务所之一。事务所的服务范围包括审计、税务、咨询、资产评估和工程造价等。

### (9) 天健正信会计师事务所

天健正信会计师事务所由天健光华会计师事务所与中和正信会计师事务所合并而成，拥有财政部、证监会授予的 H 股审计资格。事务所从事审计、资产评估和土地评估、工程造价咨询等业务。主要客户有三峡集团、中国兵装、中航科技、中国商飞、航天科工、庆铃汽车、中船集团、石油物资、北车集团、吉化集团、五矿发展、中航重机、长江电力、厦工机械、美的电器、宇通客车、贵州茅台、金龙汽车、欧比特、东山精密等知名企业。

(10) 信永中和会计师事务所

信永中和会计师事务所的发展历史可以追溯到20世纪80年代初期，是当今国内最具声望、最具规模的综合性会计师事务所之一。事务所拥有财政部、证监会授予的H股审计资格，业务范围涉及审计、管理咨询、会计税务服务和工程造价等多个领域。事务所的客户涉及能源、通讯、制造业等各个行业，具体有中石油、鲁西化工、中国联通、中国移动、中国神华、兖州煤业、大同股份、中投、国投、东方汽车等公司。

## 3. 律师事务所

### (1) 金杜律师事务所

金杜律师事务所成立于1993年，是中国司法部最早批准设立的合伙制律师事务所之一，目前已成为中国律师业中规模最大并居于领先地位的综合性律师事务所之一。作为中国唯一的成员，金杜律师事务所在2003年分别加入了环太平洋法律顾问联盟（Pacific Rim Advisory Council, PRAC）和世界律师联盟（World Law Group）。其涉及的传统领域有银行融资、外商投资、公司事务、证券业务、并购、国际贸易、争议解决业务等，涉及的新兴业务领域有知识产权保护、劳动法、反垄断、公司合规业务、破产重整、不良资产处置、资产证券化、风险投资和杠杆收购业务等。

### (2) 国浩律师事务所

国浩律师事务所成立于1998年6月，原名为国浩律师集团事务所，2011年3月更名为国浩律师事务所，由北京市张涌涛律师事务所、上海市万国律师事务所、深圳市唐人律师事务所合并而成，并在中华人民共和国司法部登记注册。国浩律师事务所是中国最大的跨地域合伙制律师事务所之一，业务遍及证券与资本市场、公司与商业、金融与银行、国际投资、基础设施建设、知识产权、海商海事、新能源等所有经济发展的重点领域，并且在境内外 IPO、再融资、重大资产重组、收购兼并等综合指标上连续多年行业排名第一。

（3）中伦金通律师事务所

中伦金通律师事务所创立于 1993 年，是中国司法部最早批准设立的合伙制律师事务所之一。经过数年快速、稳健的发展壮大，中伦已成为中国规模最大的综合性律师事务所之一，业务涉及房地产与建设工程、公司融资/资本市场、公司收购、兼并及重组、私募股权与风险资本、外商直接投资/外资并购、银行与金融、结构性融资与资产证券化、项目融资、酒店/旅游开发与管理、城市基础设施、竞争法与反垄断、国际贸易、海事海商、海外投资、能源与自然资源、信息技术、电信、传媒与娱乐、知识产权、劳动法、破产重整与清算、争议解决、税法等领域。

（4）德恒律师事务所

德恒律师事务所是中国规模最大的综合性律师事务所之一，于 1993 年 1 月创建于北京，原名中国律师事务中心，1995 年更名为德恒律师事务所。据 ALB 排名，自 2007 年起，德恒一直排名全国律所前三强。德恒的传统优势领域包括：国内外股票、债券的发行、承销与上市，投资基金，国内外企业分拆、购并，公司改制，资产重组，破产清偿，有形与无形产权交易，中国企业海外融资、投资，海外投资者对中国投资、融资，国际招投标，信息通信，房地产开发经营与重大项目建设等。

（5）锦天城律师事务所

锦天城律师事务所成立于 1998 年，是一家提供全方位法律服务的、全国领先的中国律师事务所，位居全国十大品牌律师事务所前列。在以下业务领域，锦天城具备行业领先优势：公司商事与并购、证券与资本市场、银行与金融、私募基金、产业基金和风险投资、房地产与项目建设、争议解决（诉讼与仲裁）、国际贸易、知识产权保护等。

（6）北京嘉源律师事务所

北京嘉源律师事务所专长于证券、金融、企业产权、公司治理以及投资、工程、国际商事等领域,是中国金融市场尤其是资本市场居于领先地位的合伙制律师事务所,是金融市场尤其是资本市场法律服务的业界翘楚之一。证券、金融、投资、并购和企业产权、公司治理等业务领域是嘉源的传统强项,同时,事务所在国际贸易、反倾销、反垄断、海商海事、房地产及工程建设、知识产权及其他业务领域亦形成专长。

(7) 北京康达律师事务所

北京康达律师事务所成立于1988年,原为国资所,2001年转制为合伙制律师事务所。康达经过二十年的发展已成为中国律师业时间最久、服务网络最为广泛的综合性大型律师事务所。在实践中,康达形成了全面、综合的法律服务体系,在各类诉讼、仲裁业务方面,各类不动产、自然资源、知识产权等物权法律方面,设立、重组、改制、收购、兼并、上市、资产及股权置换、破产清算等公司法律方面,银行、保险、证券等金融法律服务方面,劳动、社会保险以及环境保护等法律方面,特别是在国际商事法律方面,积累了丰富的经验。

(8) 北京国枫律师事务所

北京国枫律师事务所是一家具有高度专业化并提供综合性法律服务的合伙制律师事务所。国枫涉及公司证券业务、金融法律业务、房地产业务、外商投资及涉外业务、知识产权业务、劳动法律业务、诉讼及仲裁业务、反垄断和反倾销、反补贴业务以及美国移民法业务等领域,其中,公司证券业务是国枫的核心特色业务。在中国证监会公布的国内首次公开发行(IPO)、国内再融资及涉外证券业务排名中,国枫一直名列前茅。2010年度,国枫被评为"2010年中国上市公司最信赖律师事务所""年度最佳上市法律服务机构"。

(9) 广东广和律师事务所

广东广和律师事务所于1995年初在深圳成立,历经十余年稳健发展,已经在事务所规模、专业人才、服务多元化等方面走在了同行业的前列,并连续多年成为广东乃至华南地区拥有执业律师最多的综合性大型律师事务所。广和的服务领域涉及房地产、公司及证券、银行及信托、国际直接投资、国际贸易及反倾销、保险、行政、海商、海事及海关等法律事务。其承接的经典项目包括：湖北兴化、湖北康赛、华新水泥、湖北车桥、深圳盐田港、第一天然食品、潍柴动力、山东海化、上海医药、金盘国际、华阳国际、美国联合交通等企业的上市发行。

（10）广东法制盛邦律师事务所

广东法制盛邦律师事务所成立于1983年，原名广东对外经济律师事务所，后更名为广东盛邦律师事务所，2002年与广东法制律师事务所合并，同时吸收多家律师事务所的律师加盟，按国际通行的合伙制形式设立和运作，并更名为广东法制盛邦律师事务所。目前，法制盛邦已成为广东乃至全国范围内规模较大并居于领先地位的综合性律师事务所之一，业务领域涉及诉讼仲裁、建筑与房地产、公司事务、金融证券、国际商务、知识产权、海事海商、商务调查等。其承接的金融证券领域的经典案例有：佛山照明、顺德美的、鹤山美雅、顺德万家乐、广东电力、广州控股、东莞宏远、肇庆星湖、梅州宝丽华、广东福地、成都福地、中国泛旅、美达股份、白云山制药、东方宾馆、南华西等多家企业的上市发行。

## 4. 资产评估机构

（1）北京中企华资产评估公司

北京中企华资产评估公司原隶属国家体改委，系中央直属专职评估机构、中国资产评估协会常务理事单位、中国矿业权评估师协会常务理事单位，并于1999年脱钩改制后成为以注册评估师为股东的有限责任公司。公司是中国评估行业的第一品牌，除了拥有上海医药、双鹤药业、国家开发银行、中国工商银行、国家电网、国投等国内大型企业客户外，近年来还成功为众多跨国公司提供了评估服务，如埃克森美孚、杜邦、法国斯伦贝谢、Low and Bonar PLC、扎努西、芬兰诺基亚等。

（2）上海立信天友资信评估有限公司

上海立信天友资信评估有限公司成立于1996年，是一家管理科学、社会信誉较高的具备证券业从业资格的专业资产评估机构,取得了业内唯一的 IQNET 证书,所出具的报告得到美国、日本、英国、德国、法国等 39 个国家和地区的认可。公司可提供各类有形、无形资产评估及相关咨询业务。近年来,公司成功完成了上汽、港务、百联、锦江、农工商等几十家特大型企业的改制上市评估,还完成了通用电气、通用汽车、索尼、大众汽车、三菱、罗氏、东芝、朗讯等世界 500 强企业委托的评估项目。

(3) **中联资产评估集团有限公司**

中联资产评估集团有限公司创始于 1994 年,是中国首家获财政部授权批准、国家工商局核准注册的评估集团,是国内规模最大的评估咨询综合服务专业机构。公司涉及的业务包括资产评估、土地使用权评估、房地产评估、矿业权评估、森林资源评估、珠宝首饰艺术品评估、资信评估、管理咨询等。公司的经典项目包括:深物业国有股权转让价格核查、东北高速分拆上市评估、中国银行整体改制并上市、中国工商银行整体改制并上市、中国电信实业六省整合并上市等。

(4) **上海银信汇业资产评估有限公司**

上海银信汇业资产评估有限公司是目前上海乃至长江以南地区规模最大和具有专业水准的资产评估机构。公司已经过英国 NQA 公司的质量管理体系评审,核准通过了 ISO 9001:2000 质量管理体系的认证,并获得了 2 个国家的认证标志(英国的 UKAS 和美国的 ANAB)。公司业务涉及资产评估和咨询。公司的客户包括:百联股份、豫园股份、张江高科、金杯股份、申花股份、丰华股份、中石油、中石化、中海油、中化、中信实业、中粮等。

(5) **北京天健兴业资产评估有限公司**

北京天健兴业资产评估有限公司是由原天健兴业资产评估有限公司和原中华财务会计咨询有限公司资产评估业务部及原北京德威评估有限责任公司整合而成的大型评估机构。公司的评估业务始于 1991 年,是国内最早从事资产评估业务的专业机构。公司业务涉及评估专业服务、项目评估和投资评审及管理咨询等。公司经典项目包括：建设银行改制及H股上市、交通银行H股和A股上市、中国人寿改制及H股上市等。

（6）**中和资产评估有限公司**

中和资产评估有限公司于1989年成立，是首批被国有资产管理局和证监会授予证券业资产评估资格的机构。2009年6月，中和资产评估有限公司与北京中证资产评估有限公司合并，进一步成为为国内最具影响的评估机构之一。公司可为企业上市、合资、收购、合并、抵押、资产转让、破产清算、资产管理、司法鉴定等提供工业类评估、物业类评估、企业价值评估、无形资产评估及金融资产评估等各项服务。公司经典项目包括：东风汽车和日产汽车株式会社合资项目评估、第一拖拉机股份H股上市评估、哈电集团香港上市评估、中国铝业收购云南铜业评估等。客户涉及采矿、冶金、电力、电力设备制造、电信、医药、金融、房地产、高校等各行各业。

（7）**北京中天华资产评估责任有限公司**

北京中天华资产评估责任有限公司起源于1982年成立的财政部直属机构中华会计师事务所，是中国第一家获得相关执业资格并从事资产评估业务的机构，也是我国第一批完成脱钩改制并获批准继续执业的专营资产评估公司，是国内具有资产评估资格、证券期货相关业务评估资格、探矿权采矿权评估资格的大型综合性评估机构之一。公司主要客户包括：乐凯、华帝、中国建设银行、中海油、北京可口可乐、北京吉百利、一汽大众、家乐福等公司。

（8）**中瑞岳华会计师事务所**

资产评估业务也是中瑞岳华会计师事务所的重要业务之一。事务所在这方面的专业表现为其赢得了大量的客户，具体包括：国家电网、南方电网、中电投集团、中国国电、大唐发电、华电集团、华能集团、中石化、中钢集团、一汽集团、中国兵工、保利集团、中国盐业总公司、恒天集团、中国进出口银行、光大集团、宝钢集团、武钢、鞍钢、攀钢等。

### (9) 北京中锋资产评估有限公司

北京中锋资产评估有限公司原隶属财政部,是财政部批准的第一批具有资产评估资质的评估机构,也是由证监会、财政部批准的第一批具有从事证券评估资质的评估机构,是国内大型专业评估机构之一,是中国资产评估协会常务理事单位。1999年,公司进行了脱钩改制,成为了以注册资产评估师为投资主体的有限责任公司。公司的业务范围包括:企业价值评估、单项资产评估、房地产评估、矿权和采矿权评估、土地使用权评估、无形资产评估等。其主要客户有:路桥建设、武钢、金盘实业、南京邮电、扬子石化、青岛啤酒、大唐发电、中石化等。

### (10) 中资资产评估有限公司

中资资产评估有限公司,始创于1992年12月,其前身为中国国际工程咨询公司中咨资产评估事务所,并于2000年6月完成脱钩改制工作,正式更名为中资资产评估有限公司。公司是国内最大的专业评估机构之一,具有财政部认证的正式资产评估资格,以及国家国有资产管理局和证监会共同确认的从事证券业务资产评估资格,是中国资产评估协会九家常务理事单位之一和北京市注册会计师协会常务理事单位之一。公司业务范围包括:资产评估业务、房地产评估业务、土地评估业务、工程咨询业务等。公司自成立以来,已为宝钢、中国移动(香港)、大唐发电、兖州煤业、天津一汽、东北高速等100多家国内大型企业,美国柯达、瑞典Volov、德国巴克杜尔集团、泰国正大集团等多家国外大型企业,以及众多的中小企业提供了资产评估及其他咨询服务。

# 参考文献

1. 周春生. 融资、收购与公司控制 [M]. 北京：北京大学出版社，2005.

2. 王连娟，龙成凤，孙琦. 民营企业上市实务与案例 [M]. 北京：中国人民大学出版社，2006.

3. 斯蒂芬 A. 罗斯，等著. 公司理财（原书第 6 版）[M]. 吴世农，沈艺峰，王志强，等译. 北京：机械工业出版社，2007.

4. 张朝元，余波，丁旭. 企业上市前的改制重组 [M]. 北京：中国金融出版社，2009.

5. 顾奋玲. 审计学 [M]. 北京：机械工业出版社，2009.

6. 周红. 企业上市全程指引（第二版）[M]. 北京：中信出版社，2010.

7. 刑会强. 最新经典企业上市案例评鉴 [M]. 北京：中信出版社，2010.

# 时代光华财智会

## 高端融智平台·精英成长领地

欢迎您加入时代光华财智会,作为财智会会员,您将获得更多的优质学习资讯和服务,并尊享如下权利:

1. 免费获赠时代光华图书一本或《财智会》杂志一本;
2. 免费获赠《财智会》杂志电子版及时代光华最新书讯;
3. 有机会获得时代光华的培训课程(现场课程或视频课程);
4. 每年抽取大奖若干,免费参加本俱乐部的高峰论坛及境内外游学活动。

3、4条的信息在时代光华网站每季度公布

欢迎登陆 www.sdgh.com.cn 了解更多的信息

您也可以在网站上进行查询

------

**个人资料(请用正楷完整填写,或附上名片)**

姓名:_____ □先生 □女士 出生日期:_____ 学历:_____

单位全称:_____ 所属行业:_____

任职部门:_____ 职务/岗位:_____

手机:_____ 电子邮件:_____

QQ:_____ MSN:_____

单位地址:_____

邮编:_____

沿虚线剪切后,传真至010-82896326或邮寄到北京市西城区德外大街83号德胜国际中心B座12层,邮编:100088,或E-mail:sdghbooks@163.com。